바람에 실려 온 노래

김현태 시조집

시와사람

바람에 실려 온 노래

■ 책을 펴내며

시조집을 짓다

아슴히 떠오르는 지난날 합장한 채
기억의 보물 창고 하나씩 열어 보며
바람에 실려온 노래 시심의 깃 펼친다

만삭의 추억들이 하느작 걸어나와
마음밭 자리 잡은 곰삭은 얘기 꺼내
영원히 시들지 않는 생의 찬가 읊는다

수결의 지문 박힌 빛바랜 책장 넘겨
여명에 갇힌 침묵 붓끝에 담아내며
세월에 절여진 사연 한장 한장 새긴다

헐렁한 생의 밑난 촘촘히 기워 입고
남은 삶 쉬엄쉬엄 흥겹게 살아 가며
파란 꿈 영글은 행복 아름답게 엮는다

켜켜이 달아오른 사랑의 부스러기
영혼의 속살까지 물들인 자리마다
여정의 서사를 쓰며 감사의 글 남긴다.

2025년 계절의 여왕 오월에
김현태 삼가 쓰다

제1부 등대의 꿈

제2부 의자가 되고 싶은 나무

제3부 바람은 알까

제4부 나의 첫 인연

제5부 물레방아 연정

바람에 실려 온 노래

제1부

등대의 꿈

■ 한국그린문학&코리아플러스 신춘문예 당선작

맛

문을 연 촉수들이 엄마의 손맛 채워
더없는 행복 속에 한평생 잊지 못해
흘러간
세월 보듬어
추억 찾아 나선다
긴 시간 오매불망 가슴 속 똬리 틀어
깊은 정 가득 담은 옛 생각 더듬더듬
달콤히
버무린 그 맛
눈감아도 보인다
시공간 뛰어넘어 마음 밭 여미어도
아련히 숨죽이다 가슴 속 밀려들어
지난날
그리워하며
떠나간 님 그린다
그 시절 물든 생각 화들짝 깨어나서
쉼 없이 휘감기는 목마름 다독거려
농익은
사랑의 노래
화음 되어 흐른다
숨죽인 사연들이 봉긋이 매달려서
간절함 감아올려 살포시 적시우니
애틋이
날아든 내음
잊지 못해 그린다.

■ 정도전 강건문화뉴스 신춘문예 대상 당선작

가족

깊은 정 한 올 한 올 사랑꽃 피워 놓고
덧씌워 틀어 올린 뜨거운 감성 위로
두껍게 세운 울타리 마음밭을 일군다

알알이 맺힌 인연 폰근이 감싸 안아
포개진 열정의 줄 촘촘이 감아 올려
긴 세월 간직한 연서 어루만져 감싼다

구겨진 빗장 열고 깊숙이 뿌리내려
절절한 영혼 태워 은은히 젖어드니
애틋한 마음의 소리 구구절절 흐른다

하 많은 세월 앞에 다가 선 모진 풍파
아리게 질척여도 말 없이 다독 다독
가슴에 심어 둔 믿음 부여잡고 달랜다

무건 짐 나눠 지고 푸른 꿈 날개 달아
타오른 불씨 들어 어둠을 밝히우며
피워낸 한 다발 미소 향기 실로 묶는다.

■ 제3회 전국 신정문학상 최우수상 수상작

노송

앙상한 우듬지에 세월의 흔적 말아
허공에 창문 달아 세상을 내다 보며
낮달에
우려낸 가슴
설렘 자락 흐른다

초록빛 물들이는 열정 핀 꽃숭어리
쪼개진 바위틈에 간신히 뿌리 내려
아슬한
절벽 끝자락
질곡 속에 버틴다

이파리 사이 사이 누운 듯 기운 햇살
하이얀 안개 품어 솔향기 토해내며
솔방울
뒷덜미 잡아
토닥 토닥 거린다.

■ 금암 문학상 최우수상 수상작

중생의 꿈

법화경 깊은 뜻에 깨달음 밀려들어
돌리는 백팔 염주 열정을 불사르며
어둠 속 꺼지지 않는 광명의 빛 얻는다

산사의 목탁소리 설법을 펼쳐 놓고
마음의 창을 열어 살갑게 따라 붙어
오묘한 불법의 진리 합장 하며 찾는다

절절한 염불 소리 묵은 때 씻어 내고
빛바랜 상흔 털어 새로이 여는 세상
똬리 튼 세속의 번뇌 참선으로 씻는다

은은한 풍경 소리 간절함 돌돌 말아
동여맨 인연 자락 행간을 퍼득거려
쉼 없는 촛불의 향연 손사레 쳐 반긴다

청청한 마음밭에 불심을 풀어놓고
그 생명 다시 살아 낱낱의 꿈을 키워
믿음을 끌어안은 채 밝은 세상 얻는다.

■ 한민족 통일문화제전 민족통일협의회 의장상

통일 기원

무섭게 가로막고 갈라진 분단의 벽
죽음의 정토에서 흩기는 저 차가움
비정한 침묵의 아픔 더께더께 쌓인다

감춰둔 마음 한쪽 서툴게 녹여 내며
총칼을 겨눈 채로 쉼 없이 휘두르니
한 맺힌 전쟁의 아픔 눈물 되어 흐른다

적막한 휴전선에 깨어진 꿈 조각들
어둠의 가슴앓이 말없이 쓸어대다
지금껏 짓무른 울음 메아리로 떠돌고

갈망의 무늬들이 함께한 무게만큼
깨워논 동포 염원 하늘문 열어가며
찬란한 아침의 나라 불러모아 펼친다

저마다 간절했던 함성들 끌어안아
길고 긴 상흔의 맘 또렷이 부려놓고
희망을 일으켜 세워 우리 모두 안는다

한 세월 자리잡고 흩어진 생각 기워
단단히 엮은 소원 다 함께 빌고 빌어
눈시울 뜨거운 산하 무궁화꽃 심는다.

■ 대구시조시인협회 전국 시조 공모전 참방 수상작

정녕

푸드득 깃털 털며 설레임 솟아올라
속살로 깨운 사랑 낱낱이 꿈결 깁고
청잣빛 맑은 소리로 더께더께 쌓는다

시간과 공간 속에 떠가는 영혼의 눈
어둠에 등불 켜고 옹골찬 새 삶 키워
품 넓은 마음 하나로 쫀득쫀득 익힌다

하늘문 열어 가는 경계선 풀어헤쳐
가슴속 기도들이 하늘땅 맞닿으니
은은히 마음밭 심지 불태우는 연리지

튼실히 엮은 노래 세월 등에 새기고
기댄 채 의지 삼아 꾸려간 인연의 수
알차게 꾸려놓은 삶 우리 함께 일군다

각이 진 세상살이 사납게 몰아쳐도
아무런 동요 없이 밤하늘 별빛 보며
한세상 살 길을 닦아 손 잡은 채 거닌다.

■ 대구시조시인협회 전국 시조 공모전 참방 수상작

나들이

푸른산 쪽빛바다 오라고 손짓하니
무심코 걷는 발길 뜬구름 휘어 잡아
바람의 목마를 타고 하늘길에 오른다

끝없이 펼쳐지는 수평선 바라보며
노을녘 둔덕에 앉아 수심을 내려 놓고
꼿꼿이 허리를 펴고 버거운 짐 벗는다

천해의 비경들이 눈 앞에 펼쳐지니
활짝핀 꽃잎 속에 읽어낸 삶의 무게
새로운 풍광 앞에서 무지개 꿈 펼친다

상흔을 삭여가며 숙성한 눈망울로
메마른 마음밭에 생명을 불어넣어
속울음 걸린 어깨가 들썩들썩 거린다

고단한 갈등들이 가슴 속 뒤척거려
달콤한 운율 담아 밑그림 그려놓고
한 폭의 세상의 절경 산수화를 그린다.

■ 대구시조시인협회 전국 시조 공모전 참방 수상작

동반자

멍들고 해진 상흔 싸매어 얼래주며
가슴팍 스며드는 따순 정 딛고 올라
끝없는 깊은 사랑은 행복의 방 만든다

마음 쓸 사연들이 넘치는 시간 앞에
오는 봄 기다리는 겨울 속 새싹인 양
몰아친 회오리 바람 이겨내며 견딘다

어떠한 힘든 일도 참아온 세월 속에
언제나 긴장하며 지내 온 지난날들
오로지 한 삶을 위해 아낌없이 베푼다

높푸른 하늘가에 파란꿈 수를 놓아
어둠 속 빛을 내는 소중한 기대 하나
한평생 그린 기다림 갈피갈피 새긴다

말없이 부여잡은 열정의 끈을 잡아
살아온 흔적처럼 늘어난 기쁨 쌓여
흘려온 땀방울들이 그 열매로 열린다.

■ 제2회 청백리 최만리 시조문학 우수상 수상작

청백리 최만리* 선생

올곧은 굳은 절개 마음밭 가득 채워
영원히 지지 않는 천년의 꽃이되어
끝없는 절의의 정신 길이길이 빛난다

부당함 볼 수 없는 깨끗한 선비정신
푸른 꿈 진실 담아 촘촘히 길을 열어
타오른 순수한 열정 등불 되어 밝힌다

혼탁한 세상만사 허공에 걸어 두고
선비의 곧은 마음 붓끝에 담아내며
비로소 깨달음 위에 고고하게 펼친다

모든 것 불태워서 꽃 피운 삶의 덕목
우리들 가슴 속에 깊숙이 뿌리내려
천상의 옥구슬 소리 울려퍼져 흐른다

청고한 우국지심 꿋꿋이 지켜내며
시공간 훌쩍 넘어 천년이 흘러가도
그대는 오직 한가지 나라 위해 잠든다.

*최만리 : 조선 전기 문신, 정치인, 유학자, 철학자, 법학자, 청백리.

■ 제2회 청백리 최만리 시조문학상 장려상 수상작

청백리 최만리

마음밭 틀고 앉은 농익은 절의 정신
의연함 잃지 않고 상소문 틀어 올려
그 기개 꼿꼿이 세워 푸른 절규 떠돈다

한많은 세상 속에 살아온 모진 세월
회색빛 정치 판에 싹트는 부패 막아
타오른 순수의 열정 애국 애족 펼친다

수많은 모진풍파 굴하지 아니하고
가파른 정상 너머 찬란한 빛을 찾아
든든히 자리잡고서 우국 정신 키운다

문란한 토대 위에 청렴의 씨앗 뿌려
깨달음 스며들어 바른 길 걸어 가며
허기진 속울음 삼켜 나라 걱정 깁는다

강 따라 흘러가는 물처럼 깨끗하게
절절한 영혼 태워 훗날을 내다 보며
엎드린 몸을 꼬집어 선비의 길 걷는다

오로지 백성 위해 다짐한 일편단심
천년이 지나가도 오롯이 살아 남아
영원히 잊을 수 없는 그 고귀함 전한다.

■ 第1회 청백리 최만리 시조문학상 장려상 수상작

목민관

두터운 시름 벗은 매미의 합창 소리
산마루 돌고 돌아 간절함 감아올려
가슴속 못다 한 고백 매앰매앰 외친다

어떠한 나무에도 앉으면 살 곳이니
내 집이 필요 없어 집 걱정 따로 없고
영롱한 이슬 방울로 진수성찬 즐긴다

정해진 운명 앞에 미련과 후회 없이
죽어간 그 삶 또한 고귀함 아니런가
욕심과 부귀 영화에 빠져들지 않는다

유혹의 사리사욕 버리고 실천하여
탐욕과 부정부패 과감히 떨쳐 내며
깨끗한 정치 펼치는 밝은 세상 꿈꾼다

이 나라 벼슬아치 오묘한 덕목 배워
바르고 깨끗하게 백성을 보살피니
익선관* 깨달음 위에 고고하게 빛난다.

*익선관(翼蟬冠) : 매미 오덕을 염두에 둔 임금이 정무 볼 때 쓰는 모자.

■ 제1회 청백리 최만리 시조문학상 장려상 수상작

백일홍

바람에 흔들흔들 꽃입술 뒤척이며
그윽한 눈빛 날려 너울춤 휘날리니
배시시 물고 나오는 미소 날려 반긴다

뜨거운 햇발 속에 비바람 참아내고
언제나 한결같이 찬란한 꿈을 향해
소복한 고봉밥인 양 높이 쌓아 담는다

길고 긴 여정 속에 계절을 끌어 당겨
매끈한 가는 허리 화사한 몸짓으로
날 세운 여백 안은 채 붉은 열정 피운다

꽃송이 방울방울 하늘빛 가득 채워
새꿈의 나래 펼쳐 허공에 날아 올라
활짝 핀 자줏빛 연서 수런수런 거린다

서당 뜰 우뚝 서서 그 기개 활짝 열어
서생들 졸음 깨워 영혼을 불러 모아
가슴 속 또아리 틀어 꿈틀꿈틀 거린다.

■ 제1회 치유문학상 최우수상 수상작

치유의 덮개

갈피에 접어 놓은 그 아픔 들썩이니
바람벽 타고 흘러 외로움 토해내며
곰삭은 밤의 알갱이 깊은 단잠 깨운다

빛바랜 상흔 털어 새로이 여는 세상
물안개 말아 올려 묵은 때 씻어 내고
파란 꿈 영글은 노래 찬란하게 펼친다

산능선 걸터앉아 환하게 웃는 햇살
화사한 꿈길 따라 꽃구름 등에 업혀
마음밭 쓸어 내리며 꺼억꺼억 삼킨다

옹이진 빗장 열어 게으름 날려보내
정갈히 헹궈내는 움트는 여유로움
속삭인 맘자락 위에 다짐 조각 꿰맨다

열망의 배낭 속에 살포시 구겨 넣고
간결한 소원 담아 동아줄 꽁꽁 묶어
온누리 치솟는 향내 오롯하게 품는다

마음 속 꿈틀거린 허상을 내려놓고
한 줄기 선율 따라 회색 담 열어젖혀
절여진 맘그릇 안에 야망 넣어 마신다.

■ 제1회 치유문학상 최우수상 수상작

치유의 미학

보타진 마음밭에 잔잔한 울림으로
꼭 다문 잎새마다 애뜻함 전해지니
연둣빛 미소가 번져 향기 실로 꿰맨다

짓밟고 지나가도 오롯이 도와주며
영혼을 불러 모아 꽃내음 가득 채워
순수한 눈망울처럼 초롱초롱 빛난다

상흔을 닦아내며 그 안에 깃든 애정
간절함 말아올려 사랑꽃 피워 놓고
비움의 생명줄 되어 뜨거운 정 나눈다

꺾이고 망가져도 또 다시 일어서서
버텨 온 두께만큼 속울음 움켜쥔 채
살아온 삶의 고리에 애틋하게 피운다.

■ 제1회 치유문학상 최우수상 수상작

치유의 꿈

멍들고 해진 상흔 싸매어 얼래주며
가슴팍 스며드는 따순 정 딛고 올라
끝없는 깊은 사랑은 행복의 방 만든다

마음 쓸 사연들이 넘치는 시간 앞에
오는 봄 기다리는 겨울 속 새싹인 양
몰아친 회오리 바람 이겨내며 견딘다

어떠한 힘든 일도 참아온 세월 속에
언제나 긴장하며 지내 온 지난날들
오로지 한 삶을 위해 아낌없이 쏟는다

높푸른 하늘가에 파란 꿈 수를 놓아
어둠 속 빛을 내는 소중한 기대 하나
한평생 그런 기다림 갈피갈피 새긴다

말없이 부여잡은 열정의 끈을 잡아
살아온 흔적처럼 늘어난 기쁨 쌓여
흘려온 땀방울들이 그 열매로 열린다.

■ 제13회 대한민국 독도 문예대전 장려상 수상작

독도 · 1

몰아친 마파람이 바다를 썰고 썰어
굴곡진 마디마다 산통을 앓은 자리
튼튼한 병풍을 치고 꿋꿋하게 지킨다

한 많은 사금파리 바다에 묻어놓고
태초의 거친 숨결 언어로 조각하여
옹이진 사연 보듬어 세계속에 알린다

장대한 백두대간 꼿꼿이 등뼈세워
끝없는 망망대해 푸른빛 용이 되어
날렵한 활갯짓으로 찬란하게 빛난다

묵언의 행간 사이 검푸른 질곡에서
하늘 땅 경계마저 허물고 밀려들어
외세의 모진 파도에 멍든 상흔 얼랜다

억겁은 세월 품어 견뎌낸 아픔참아
목울대 치켜들어 우리땅 지켜내자
나래 편 괭이갈매기 부리 들어 외친다

장엄한 촛대바위 외로이 서 있어도
찬란한 불빛으로 끝없이 피어 올라
꿈꾸는 바다의 산실 동해바다 밝힌다.

■ 제13회 대한민국 독도 문예대전 장려상 수상작

독도는 우리땅

억겁의 세월 속에 깎이고 깎이지만
묵묵이 버텨 선 채 꽃피운 인고의 넋
올곧게 뿌리내린 채 백두대간 이은다

세계가 인정해 준 동해가 잉태한 섬
단단한 울타리로 꿋꿋이 틀어 막아
망언의 깊은 늪에서 빈틈없이 지킨다

불어온 마파람이 바위섬 쪼아대니
그동안 못다 한 말 하늘에 새겨 두고
고개 든 괭이갈매기 소리 질러 외친다

철따라 피고지는 꽃들도 고개 들어
망망한 동해에서 어둠을 밝히우며
지켜낸 쪽빛 화산섬 늠름하게 서 있다

태초의 첫날부터 깨어난 붉은 햇살
오늘도 그 자리에 찬란히 쏟아내며
한 많은 사연 보듬어 눈부시게 빛난다.

■ UN NGO 문학상 수상작

한 떨기 매화

빈 가지 스쳐가는 차가운 바람결에
벙그는 꽃몽우리 오롯이 기지개 켜
고고한
몸짓 날리며
붉그스레 피운다

겨우내 몰래 숨은 따순 볕 다가와서
살포시 입맞추며 향내음 휘감기니
뜨거운
열정 흔들어
하이얀 눈 녹인다

꿋꿋이 피어오른 고고한 절개의 꽃
움츠린 가슴 열어 가쁜 숨 몰아쉬며
혹한에
뜨겁게 달궈
시린 세월 데운다.

■ 독도 문학상 특선 수상작

독도 · 2

태초의 첫날부터 깨어난 붉은 햇살
오늘도 그 자리에 우뚝 서 있건만은
왜놈들 먹잇감 찾아 은근슬쩍 엿본다

세월의 물결 앞에 깎이고 깎이지만
단단한 울타리로 빗장이 틀어 막아
왜풍이 휘몰아쳐도 의젓하게 막는 섬

철따라 피고지는 꽃들도 고개 들어
듬직한 저항으로 당당히 버텨내고
지켜낸 쪽빛 화산섬 늠름하게 서 있다

가없는 망망대해 외로이 떠 있어도
세계가 인정해 준 동해가 잉태한 섬
올곧게 한반도의 땅 백두대간 이었다

불어온 마파람이 수평선 쪼아대고
일으켜 세운 물결 자유를 지켜냈다
둥지튼 괭이갈매기 부리 들어 외친다.

■ 제1회 봉황대 마타리꽃 문학상 최우수상 수상작

혜선이와 섬섬이* 연정

구겨진 빗장 열고 깊숙이 뿌리내려
시간과 공간 속에 피워낸 영혼의 꽃
몰아친 회오리 바람 이겨내며 견딘다

꺾이고 망가져도 또다시 일어서서
어둠에 등불 켜고 옹골찬 새 삶 키워
핥고간 물안개 따라 그리움 꽃 피운다

푸른 산 능선따라 깊은 뜻 새겨 놓은
죽어간 그 삶 또한 고귀함 아니런가
마음밭 쓸어 내리며 꺼억꺼억 삼킨다

오는 봄 기다리는 겨울 속 새싹인 양
아무런 동요 없이 밤하늘 별빛 보며
끝없이 깊은 사랑은 행복의 방 만든다.

*혜선이와 섬섬이 : 가야국 때 '봉황대'에서 일편단심 사랑으로 '마타리꽃'을 피운다.

■ 제1회 봉황대 마타리꽃 문학상 최우수상 수상작

마타리꽃* 사연

수많은 세월 앞에 다가선 모진 풍파
곁눈짓 하지 않고 의연함 잃지 않아
오롯이 한곳 향하는 사랑의 길 거닌다

영원히 지지 않는 마음속 천년의 꽃
언제나 한결같이 우리의 찬란한 꿈
한평생 그린 기다림 갈피갈피 새긴다

긴 시간 오매불망 그리움 사무쳐서
묵묵히 버텨 선 채 꽃피운 인고의 넋
절절히 그리움 엮어 꽃바람에 띄운다

꿈결로 더듬으며 살아온 무늬 엮어
가슴속 녹여내는 물들인 마음 한쪽
걸어온 삶의 고리에 애틋하게 피운다

영혼을 불어 넣은 꽃향기 가득 품어
냉가슴 다독다독 한 송이 꽃을 피워
순백의 향긋한 고백 도란도란 바친다.

*마타리꽃 : 가야국 때 '봉황대'에서 '해선'과 '섬섬'이의 일편단심 상징 꽃.

■ 제1회 봉황대 마타리꽃 문학상 최우수상 수상작

마타리꽃

멍들어 아픈 상흔 꼭 안아 달래주니
벙그는 꽃몽우리 오롯이 기지개 켜
고고한 몸짓 날리며 붉그스레 피운다

꿋꿋이 피어오른 고고한 절개의 꽃
움츠린 가슴 열어 가쁜 숨 몰아쉬며
지금도 낭랑한 소리 메아리로 감긴다

갈망의 무늬들이 함께한 무게만큼
꼭 다문 잎새마다 애뜻함 포개 얹어
연둣빛 미소가 번져 향기 담아 서 있다

살아온 세월 만큼 애절한 얘기 담아
목울대 치켜들고 허공에 날린 사연
응집된 목소리 채워 세상 속에 알린다.

■ 제1회 왕비 용녀 전국 문학상 최우수상 수상작

왕비 용녀* 절개

하늘 땅 경계 넘어 이룰 수 없는 사랑
세상 밖 무대 위에 만삭의 아픔 털어
애절한 세기의 연정 매듭의 강 건넌다

만남의 촉수들이 설렘의 떨림으로
켜켜이 달아올라 살가운 마음 따라
끈끈한 인연의 노래 갈피갈피 새긴다

버텨온 두께만큼 속울음 움켜쥔 채
절절한 영혼 태워 오롯이 젖어들어
가슴에 심어둔 믿음 향기 실로 묶는다

어둠 속 빛을 내는 소중한 기대 하나
높푸른 하늘가에 파란 꿈 수를 놓아
애틋한 마음의 소리 구구절절 흐른다

각이 진 세상살이 사납게 몰아쳐도
꿈 조각 활짝 펼친 열정의 부스러기.
아무리 힘이 들어도 무지개 꿈 펼친다.

*왕비 용녀 : 김해 봉황대의 '좌지왕자'와 서민 '용녀'와 사랑 이야기 주인공.

■ 제1회 왕비 용녀 전국 문학상 최우수상 수상작

왕비 용녀 연정

매달린 파장 울림 시공간 훌쩍 넘어
얽히고 접힌 여정 가슴속 똬리 틀고
골 깊은 해후의 무게 시간의 벽 핥는다

화덕의 불꽃처럼 가슴 속 타오르며
높거나 낮음 경계 선율로 음표그려
긴 세월 간직한 연서 마음밭을 일군다

뜨거운 열정 품어 피워낸 불씨 하나
말 못할 사연들이 행간에 퍼득거려
제각기 다른 눈금에 매달린 채 안긴다

동여맨 인연 자락 간절함 말아 올려
엎드린 빗장 풀어 서로를 감싸 안아
완성의 느낌 하나로 똘똘 뭉쳐 감싼다.

■ 제1회 왕비 용녀 전국 문학상 최우수상 수상작

왕비 용녀

애타게 타는 가슴 접히고 얽힌 여정
웅크린 가슴 앓이 허공에 날려 보내
똬리 튼 불변의 언약 인연줄로 묶는다

절절한 영혼 태워 꿈꾸는 강을 건너
애타게 펼친 순정 뜨겁게 피어 올라
달달한 연서 매달아 영혼의 등 밝힌다

옹이진 삶의 질곡 저만치 밀어 놓고
겹겹이 닫아 버린 어두움 풀어헤쳐
마음밭 쓸어내리는 뜨거운 정 나눈다

두터운 시름 벗어 시렁에 걸어 두고
빛나는 그 눈망울 가슴 속 파고들어
곱다시 휘감은 사랑 망울 망울 쏟는다.

■ 제42회 전국 한밭 문학상 공모전 우수상 수상작

금강

산책 길 눌러 앉은 갈대꽃 춤을 추고
꽃향기 뿜어내는 꽃들도 두런두런
철새떼 함께한 자리 한가로움 휘돈다

물맑고 공기좋아 인심도 훈훈하니
깊은 정 꿰매달아 윤슬에 포개 얹어
유유히 돌아 흐르는 강물 위에 띄운다

온누리 휘어 감긴 자연의 신비로움
널따란 캔버스에 그 빛깔 가득 채워
알알이 맺힌 열매로 풍경화를 그렸다

강변의 황금 들녘 노을빛 눌러쓰고
새우등 절을 하는 잘 영근 벼 이삭이
넉넉한 마음 하나로 쫀득쫀득 익었다

잘 익은 가을볕이 들판을 쪼아대며
시원한 가을바람 악수를 청해오고
구름도 쪽빛하늘에 엉덩이를 내민다.

■ 제5회 완전공감 단시조 문학상 차하상 수상작

고향 생각 · 1

환하게
웃음 짓는
초가집 하얀 박꽃

흘러간
시절 인연
불러도 대답 없고

이제는
옛얘기 되어
한 장 한 장 펼친다.

■ 제5회 완전공감 단시조 문학상 차하상 수상작

나의 할머니

노숙한
저 눈썹달
눈꼽도 안 뗀 새벽

정한수
떠다 놓고
합장해 소원 빌며

팽팽한
외줄 위에서
뜬눈으로 지샌다.

■ 제43회 복사골 백일장 특선 수상작

새만금 방조제*

부러져 굽이 도는 천 구비 물머리에
영혼을 불어넣어 새겨논 핑크빛 꿈
볼수록 현란한 마술 신비 세상 펼친다

불변의 푸른 뼈로 쌓아 둔 무더기에
하늘뜻 새겨넣어 기워논 명장의 혼
핥고 간 물안개 감아 몇 겹으로 두른다

들끓는 열정으로 시공간 뛰어넘고
수많은 애환들을 빼곡히 채워 넣어
찬란한 세기의 벽을 꿋꿋하게 세운다

파도가 씻고 씻어 피워낸 인고의 넋
줄지어 음계 계단 곡조를 지어내니
햇살도 방향을 바꿔 제자리에 머문다

갈망의 촉수들이 긴 세월 틀어 올려
흙으로 물꼬 막아 새롭게 길을 열어
생명이 용솟음치며 꿈틀꿈틀 나간다

묻어둔 그리움을 헤집는 갯내음에
뒹구는 강물결에 윤슬이 너울너울
바람이 던진 추파에 미소 날려 안긴다.

*새만금 방조제 : 전북 군산시·김제시·부안군을 잇는 33.9km(세계 최장 거리), 1991.11~ 2010.4 (약 19년 시공), 연 237만 명 투입, 사업비 3조 원.

■ 제2회 산해정 문학상 최고상 수상작

갈대

솔바람* 등뒤 치고 지나는 강둑길에
계절을 틀어 올린 꽃수염 휘날리며
귀또리 노랫가락에 하늘하늘 춤춘다

활짝 핀 꽃털마다 피어난 삶의 무늬
마음밭 파고드는 잔잔한 미소 향기
해거름 흩어진 추억 은빛 날개 펼친다

꼿꼿이 깃을 세워 환하게 웃는 모습
산책길 누런 사색 알알이 들어차니
텃새 떼 수런거리며 한가롭게 노닌다

하늘빛 내려앉아 풀잎들 물들이고
갈바람 살랑살랑 황금빛 물어 날라
목 타는 시의 젖줄로 씨줄날줄 엮는다

햇살결 움켜쥔 채 노을빛 끌어안아
그 생명 다시 살아 기워논 낱낱의 꿈
다가올 저 찬란한 봄 갈피마다 새긴다.

*솔바람 : 가을에 외로운 느낌을 준 바람.

■ 제2회 치유 문학상 최고상 수상작

애도

자궁 밖 긴 탯줄에 매달려 피어난 꽃
향기로 가득채워 살아온 여정 만리
슬픔의 줄무늬 넣은 만장 펼쳐 날린다

넘나든 삶의 질곡 낱낱이 생명 기워
미완성 문장으로 못다한 글을 쓰며
박제된 언어들 사이 음표 엮어 새긴다

못다한 이야기 꽃 귓전에 맴도는데
생명의 본향 찾아 떠난 님 앞에 앉아
한 세월 심어놓고 간 아픈 영혼 달랜다

대지를 밀어낸 채 떠나간 연약한 몸
덧 없는 시간 속에 망상의 시를 쓰며
빼앗긴 생명의 한을 침묵 속에 읊는다

허상을 내려 놓고 껍질도 벗어던져
덧칠한 얼룩 지워 순백의 옷을 입고
물음표 주렁주렁한 생의 얘기 남긴다.

■ 제11회 전국 이은방문학상 장려상 수상작

젓가락 연정

줄 타는 광대처럼 시공간 넘나들며
현란한 춤사위로 손놀림 휘어감아
모처럼 목마른 허기 채워 가며 노닌다

쉼 없는 종종걸음 손끝에 매달려서
향기의 뜰에 앉아 맛 골라 음미하며
잘익은 계절 문자로 바라보며 읊는다

뗄래야 뗄 수 없는 동아줄 꽁꽁 묶여
서로를 끌어안고 숨결로 이어놓아
끈끈한 언약의 밀어 영혼 위에 포갠다

마음밭 빗장 열어 서로가 맞잡은 손
내디딘 어깨동무 발걸음 홍겨웁고
후미진 시간의 무게 털어낸 뒤 눕는다

혼자는 살 수 없어 붙잡은 인연의 끈
둘이서 하나되어 해종일 품어안아
아무리 갈라 놓아도 함께 사는 연리지.

■ 제11회 전국 이은방문학상 장려상 수상작

우산

꽃 지고 달도 저문 한 세월 굽진 삶에
비바람 막아 주며 살포시 안아 주고
따스한 봄빛 품으로 휘감은 채 감싼다

앞가슴 풀어헤쳐 따가운 땡볕 막아
온화한 손길 위에 꽃향기 물꼬 틀어
푸른 꿈 일으켜 세워 동행의 길 걷는다

망나니 휘두른 창 담대히 맞서 싸워
멍들고 해진 상흔 싸매어 얼래 주니
한시도 관심 없이는 살아갈 수 없는 몸

고요로 뒤척일 때 깨어난 불빛인 양
쉼없이 몰아치는 세상사 풀어 내며
여울목 거슬러 올라 은빛 나래 펼친다

오로지 한길 보며 살아온 지난 시간
발걸음 걸음마다 굳건히 엮은 노래
마음밭 한 페이지에 가득 채운 사랑아.

■ 이풍진 바다 씨즌3 우수상 수상작

등대의 꿈

해 저문 바닷가에 외로이 홀로 서서
눈보라 불어와도 별빛이 되어 주며
굽은 등 꼿꼿이 세워 그리운 님 그린다

까만 밤 등불 밝혀 그대를 기다리며
애간장 서성서성 긴긴 밤 지새우고
보고픔 물결에 새겨 설렘 안고 서 있다

비바람 끌어안고 몰아친 거친 파도
길 잃고 헤매일까 조바심 다독 다독
덧씌운 골 깊은 한숨 음표 되어 흐른다

밝은 빛 허물 벗은 빈자리 우뚝 서서
치켜든 두 팔 벌려 반가이 맞아 주며
멍울진 무언의 열정 움켜쥔 채 반긴다

오늘도 얽힌 인연 거칠은 무게 딛고
함께한 하늘과 땅 산처럼 살아 가며
시린 밤 붉게 태우며 기다리는 내 사랑.

■ 이풍진 바다 씨즌3 우수상 수상작

등대

긴 시간 오매불망 타오른 열정의 품
한밤중 우뚝 서서 별인 양 반짝반짝
간절함 일으켜 세워 거친 숨결 뱉는다

고운 빛 윤슬에다 외로움 펼쳐놓고
적적한 미동 세월 밤새워 반추하며
불빛은 꺼지지 않고 긴장한 채 서 있다

웅크린 가슴앓이 물밑에 밀어 넣고
티없이 순한 눈빛 쉼 없이 날려 보내
묵언의 마음 한 자락 곧추세워 지킨다

해조음 들썩들썩 어둠 속 밀려들어
빈 가슴 파고드니 차가움 달래가며
휘감긴 감성 헤치며 추억의 벽 핥는다

쉼 없이 바등대는 긴 울림 달래가며
비릿한 갯내음에 외로움 얹어 놓고
부서진 마음 조각들 불러모아 품는다.

■ 이풍진 바다 씨즌3 우수상 수상작

고향

그리움 휘감은 채 에움길 끄덕끄덕
오늘도 정든 흔적 발걸음 재촉하며
마음밭 추억 한 자락 몽글몽글 영근다

켜켜이 쌓인 세월 동심을 찍어내고
흩어진 추억들이 꽃세월 노래하며
언제나 그 자리에서 기다리는 설레임

앞산엔 절개 높은 소나무 변함없고
푸른 산 시냇물이 반갑게 손짓하니
신나는 바람의 목마 고향길에 오른다

달달한 꿈길 따라 보듬어 익어 가는
반가운 얼굴이랑 웃음꽃 만발하고
흥겹게 수많은 사연 징검다리 건넌다

꿈속을 노니는 듯 몽근히 피어올라
언제나 변치 않는 고샅길 휘돌아서
살포시 기지개 켜며 저문 노을 품는다.

■ 이풍진 바다 씨즌3 최우수상 수상작

능소화

끈적한 인연 한 줌 애틋이 움켜잡아
영혼의 속살까지 깊숙이 물들인 채
보고픔 돌돌 말더니 그리움꽃 피운다

높은 벽 가로막혀 굽이진 세상 만사
골보다 깊은 애환 묵묵히 참아내며
속깊은 사랑의 불씨 피워놓고 반긴다

만삭의 문장으로 꼼꼼히 펼쳐내며
쉼없이 바둥대는 긴 울림 휘감은 채
환상의 여린 꿈으로 다가서는 그대여

세월의 경계 허문 툭 트인 마음밭에
경직된 언어 풀어 하늘무 바라보다
활짝 핀 젖무덤 위에 그대 눈빛 새긴다

곰삭은 얘기 엮어 보고픈 갈피마다
추억의 파편으로 넘나든 사연들이
부르튼 입술 깨물며 허공 향해 오른다

차오른 붉은 속살 촉촉이 숨결 배어
그리도 아린 가슴 연모의 발끝 딛고
온화한 감성의 늪에 빠져드는 사랑아.

■ 제5회 강항 문화제 문예제전 최우수상 수상작

상사화

붉게 탄 속앓이로 다가올 꿈을 꾸며
박제된 마음밭에 품게 된 열정의 깃
부풀은 가슴 한켠에 설렘 가득 채운다

이별의 뒤안길에 조각난 질긴 운명
쉼없이 바둥바둥 시달린 생채기로
애태워 쓸어안은 채 하루하루 보낸다

고개 든 사연마다 애절함 돌돌 말아
기다림 촉수들이 그리움 틀어 올려
꿈에도 그리는 님은 언제즈음 오실까

해묵은 더께 위에 내려논 사랑 뿌리
앙다문 붉은 입술 햇살에 말려 놓고
해종일 외로움 속에 마른 가슴 달랜다

다 헐은 가슴속을 건너온 애증의 강
하늘 땅 경계 넘은 애끓는 영혼 당겨
팽팽한 외줄 위에서 춤을 추는 내 사랑.

■ 제1회 갈마 전국 문학상 우수상 수상작

달맞이꽃

해종일 꽃발 딛고 설레임 다독 다독
마음속 깊은 곳에 긴 사연 풀어내며
샘솟는 영혼의 숨결 바람 되어 날린다

온다는 소식 없어 만남은 먼먼 현실
오로지 님을 향한 그리움 솟아 올라
허공에 턱 괴고 앉아 가슴앓이 달랜다

총총총 오신다는 하늘가 바라보며
허공에 촉수 뻗어 아린 목 길게 늘려
청순한 소망꽃으로 영롱하게 피운다

미소띤 눈빛으로 살며시 다가와서
환하게 웃는 얼굴 빈 가슴 얼레 주니
시링이 푸튼 꿈 되어 그댈 향해 날은다

밤마다 괴롭히는 삭힌 정 쏟아내며
노랗게 덧칠하여 촉촉이 맺힌 향기
속울음 토해내면서 기다리는 사랑꽃.

■ 제5회 전국 남명문학상 우수상 수상작

남명 조식*

파도의 지문처럼 굴곡진 삶의 무늬
삭히고 지탱해 온 만삭의 진통 핥아
마음속 경의의 정신 뿌리 깊게 뻗는다

하늘빛 악보 삼아 구름에 시를 쓰며
화음에 장단 맞춰 애국의 노래 불러
불의와 타협치 않는 선비정신 펼친다

흩어진 낱말 기워 음표로 뜻을 살려
한 글자 두 글자를 음률로 덧씌우고
응집된 목소리 채워 의로운 길 찾는다

마음밭 지주들을 꼿꼿이 세워놓고
지새운 불면의 밤 피워낸 무지개 꿈
가슴속 큰길 찾아서 지혜의 꽃 피운다

살아온 자리마다 오르락 또 오르락
잔잔히 밀려드는 묵시의 저 순간들
순백의 눈부처 되어 보석처럼 빛난다.

*남명 조식 : 조선 전기 성리학자, 신명사도 등을 저술하고 실천을 강조한 영남학파 거두.

제2부

의자가 되고 싶은 나무

■ 第33회 시민예술제 하반기 백일장 장려상 수상작

산

겹겹의 산허리에 물안개 휘감긴 채
설레는 꽃잎 편지 바람에 흩날리며
달달한 향내음 뿜어 너울너울 춤춘다

꿈꾸는 꽃몽우리 벙글어 입술 열고
눈웃음 저울추에 눈금을 멈춰세워
하늘 땅 물들어 가며 찬란하게 빛낸다

가슴밭 열어젖혀 폰근히 안아주며
꿈인 듯 펼쳐 놓은 화려한 몸짓으로
자연 속 빚어낸 작품 한장한장 펼친다

어둠을 삭여 가는 연둣빛 잎새 사이
꽃물든 산들바람 한없이 넘나들어
수많은 애환 매달아 초록 세상 펼친다

바람도 함께하자 눈 흘겨 기웃기웃
낮달은 걸터 앉아 한참을 쉬어 가며
잔가지 화필로 삼아 그려 놓은 걸작품.

■ 제33회 시민예술제 하반기 백일장 장려상 수상작

소풍

빛바랜 상흔 털어 새로이 여는 세상
물안개 말아 올려 묵은 때 씻어 내고
파란 꿈 영글은 노래 찬란하게 펼친다

옹이진 빗장 열어 게으름 날려보내
정갈히 휑궈내는 움트는 여유로움
속삭인 맘자락 위에 다짐 조각 꿰맨다

마음 속 꿈틀거린 허상을 내려놓고
한 줄기 선율 따라 회색 담 열어젖혀
절여진 맘그릇 안에 야망 넣어 마신다

산능선 걸터앉아 환하게 웃는 햇살
화사한 꿈길 따라 꽃구름 등에 업어
마음밭 쓸어 내리며 꺼억꺼억 삼킨다

열망의 배낭 속에 살포시 구겨 넣고
간결한 소원 담아 동아줄 꽁꽁 묶어
온누리 치솟는 향내 오롯하게 품는다.

■ 제2회 희말라야 문학공모전 동상 수상작

자연

초록빛 몸을 풀어 피어난 열정의 꽃
언제나 한결같이 온 세상 펼쳐 놓고
실눈 뜬 입맞춤으로 마주보며 웃는다

온갖색 실타래로 산야를 수놓은 채
계절을 전시하는 풍경화 그려 가며
오늘도 포근한 숨결 삼라만상 적신다

새들도 둥지틀어 세월을 노래하며
낮달도 쉬어가자 눈흘겨 미소짓고
햇살은 산등에 내려 함께하자 조른다

꽃향기 불러모아 연둣빛 치장하고
바람결 뒤척일 때 수묵화 그려내며
무언의 농익은 사랑 넉넉하게 베푼다

끈질긴 생명력에 폭풍우 견뎌내고
온몸을 곧추세워 몸집을 키워가며
해맑은 편지를 쓰며 마음밭에 전한다.

■ 시사문단 신인문학상 수상작

장독대

수많은 흔적들이 가슴 밭 자리잡아
세월의 문 앞에서 사랑의 볼 부비며
한 평생
인연의 늪에
한 몸처럼 뒹군 곳

울엄마 행복 찾아 새벽잠 밀어내고
정한수 떠다 놓고 합장해 소원 빌며
정성껏
삼백예순 날
기도하러 찾던 곳

하루도 열두 번씩 가족들 입맛 찾아
매운맛 찍어 보고 짠맛도 적셔 보며
감칠맛
찾고 찾아서
종종걸음 치던 곳.

■ 시사문단 신인문학상 수상작

세월

빛바랜 뒤안길로
마지막 떨군 잎새
뒹굴고 뒹굴다가 그리움 가득 안아
날다가
뒤돌아보며
멈칫멈칫 걷는다

미래를 다짐했던
수많은 언약들은
아쉬움 범벅되어 상흔만 남겨 놓고
가버린
삼백예순 날
텅빈 가슴 후빈다.

■ 시사문단 신인문학상 수상작

동백꽃

도톰한 초록빛 잎 칼바람 몰아쳐도
소한의 강추위와 대한의 혹한에도
붉은 빛
머금은 입술
빵긋빵긋 고웁다

하얀눈 덮어 쓴 채 그 열정 꽃이 되어
영하의 날씨에도 불꽃에 몸 데우고
떨어진
꽃잎마저도
통꽃으로 뒹군다

벌 나비 찾지 않아 애닯다 어찌하랴
동박새 날아 들어 인연을 맺어 주니
달콤한
사랑향 피워
오순도순 사는 꽃.

■ 문학공간 신인문학상 수상작

수타사 생태숲

오대산 한 줄기로 힘차게 뻗어내려
한국의 백대 명산 공작산 이름 올려
동면과 화촌면 땅에 떨궈놓은 산이다

산자락 생태 숲길 천천히 돌아보고
사찰과 공작산 숲 귕소와 출렁다리
계곡을 따라가면서 숲 내음에 취한다

공작산 날갯깃에 감싸인 수타사는
공작이 알을 품은 형국의 명당으로
지덕이 넘쳐흐르니 부도비가 서 있다

사찰의 동쪽으로 공작이 나래 펴고
북쪽은 용의 형상 닮은 못 흘러가며
서쪽은 소가 달리는 형상 위에 그린다

울창한 숲 사이로 계곡물 노래하고
암벽의 박쥐굴로 승천한 용의 전설
담아온 용담의 물빛 사랑자락 걸친다.

대왕암 해변길

파도결 막아 주는 바위섬 지켜 주고
바위에 부딪히며 거문고 소리 내니
추억의 슬도명파라 사랑자락 흐른다

방어들 많이 잡혀 방어진 이름 얻고
멋스런 송림길과 널따란 푸른 바다
전설의 바윗길 따라 사계절을 펼친다

일대의 바위들은 철분이 산화되어
붉은색 물들이고 대왕교 건너가니
자잘한 바위섬들과 기암괴석 반긴다

한 마리 용이되어 하늘을 날아 올라
등대산 언저리에 앉으니 땡바위요
용추암 정상에 서니 망망대해 푸르다

닮은 듯 닮지 않은 개성들 뽐내면서
갓 속의 탕건 닮아 붙여진 탕건암과
누군가 기다리는 듯 할미바위 서 있다

일백 년 긴 세월이 향기에 젖어 있고
해송길 숲속길과 바닷물 윤슬 고와
사색의 낭만길 따라 흠뻑취해 걷는다.

■ 문학공간 신인문학상 수상작

황룡강 산책길

초록빛 물든 강변 아련히 펼쳐져서
황톳길 굽이굽이 풀숲에 드러눕고
한겨울
버텨온 갈대
하얀 수염 날린다

달리는 강바람에 강물은 일렁일렁
옛사랑 그리워서 못 떠난 청동오리
떠난 임
찾아올까 봐
설렘 자락 날린다

황금빛 물들이는 금계국 살랑살랑
오디를 따 먹은 앵두 같은 당신 입술
보랏빛
물들여져서
숫처녀가 되었다.

■ 문학공간 신인문학상 수상작

해파랑길

오륙도 부산에서 동해안 따라가며
열 구간 오십 코스 푸른 꿈 품어 안고
강원도 통일전망대 다가서는 바닷길

동해의 떠오르는 '햇살'과 푸른 바다
파랑과 함께하는 '랑'자가 합해져서
팔백여 킬로미터의 해파랑길 되었다

부산의 첫 구간인 해파랑 바닷길은
칠십사 킬로미터 구간에 네 코스로
갯내음 바다 건너쪽 해운대를 당긴다

용호동 딸린 섬에 오륙도 옹기종기
영도구 조도섬과 마주본 바위섬들
동에선 여섯 섬이요 남에서는 다섯 섬

바다와 하늘 잇는 유리판 하늘길은
부산만 북쪽 해안 절벽을 타고 앉아
스치는 갯바람 따라 구름타고 앉았다

장산봉 동쪽 바다 끝자락 자리잡은
해안의 기암괴석 저마다 폼을 내고
파도에 입맞춤 하며 가는 세월 잡는다.

■ 문학공간 신인문학상 수상작

어머니 · 1

지팡이 업혀 나온 엄마의 굽어진 등
손으로 해를 가려 먼길을 살펴 보니
점 하나
춤을 추는 듯
아른아른 떠온다

서산에 숨어드는 해님을 뒤로하고
노을빛 가득 안고 다가선 늙은 아들
땅거미
묻어서 와도
설렘자락 앞선다

동구밖 서성대며 지내온 지난 세월
한숨은 깊어지고 주름살 늘었지만
손에 든
생선 꾸러미
행복 물어 나른다.

바다

춤추는 쪽빛 윤슬 끝없이 펼쳐지고
파도는 쉬지않고 부서져 부산 떨며
하이얀
물거품 토해
일렁일렁 거린다

고깃배 옹기종기 두둥실 모여 앉아
갈매기 날아 올라 춤사위 한가롭고
한 조각
솜털구름도
너울 너울 춤춘다

스치는 물결 따라 추억의 여백위에
해조음 들썩이며 갯내음 실어 오고
유람선
포말 그으며
꼬리 물고 달린다.

■ 강원 시조 백일장 수상작

문 밖에서

수많은 흔적들이 가슴 밭 자리잡아
세월의 문 앞에서 사랑의 볼 부비며
한 평생
인연의 늪에
한 몸 마냥 뒹군다

동여맨 인연 자락 행간을 퍼덕이니
서로를 껴안고서 보고픔 버무리며
은은한
보랏빛 향기
손사레 쳐 반긴다

마음의 창을 열어 살갑게 따라 붙어
결 고운 세월속에 추억을 덧씌우고
먼 길을
잰걸음으로
다가서서 안긴다.

■ 강원 시조 백일장 수작상

벌판에 서서

그리움
돌돌 말아 들판에 밀려오니
새들은 쏜살같이
하늘에 길을 내며
등 굽은
추억을 안고
가슴 밭에 눕는다

외로움
벗어던져 말갛게 헹궈내고
햇살에 현을 켜서
음률로 그려넣어
속삭인
맘자락 위에
하얀 숨결 흐른다.

■ 강원 시조 백일장 수상작

벽 앞에서

세월에 묻은 추억 말 없이 쓸어내며
그리움 사무쳐서 구름에 얹어 놓고
빈 가슴 일렁거리듯 마음까지 흔든다

감성의 울림들이 해종일 들썩이니
고운 빛 마음 밭에 간절함 심어 두고
흘러간 지난 날들이 살랑 살랑 거린다

밤새워 뜬눈으로 간절함 감아올려
두터운 시름 벗어 그리움 쏟아내며
살아온 삶의 고리에 낭만 자락 날린다

사색의 그림자가 밤하늘 별을 세며
갈 바람 잡아 놓고 보고픔 띄우지만
침묵은 미동도 없이 긴 기다림 되었네.

■ 강원 시조 백일장 수상작

숲 속에서

산책길 나뭇가지 새들이 날아 앉아
바람색 말아 올려 봄내음 쪼아대고
하늘빛
그리움 깨워
지저귀며 노닌다

시린 날 비켜서니 따스한 햇살 내려
계절의 길목에서 연둣빛 나래 펼쳐
부풀은
가슴 한켠에
설렘 가득 안긴다

겨우내 움츠렸던 열정의 노랫가락
낯익은 향내음은 바람에 턱을 괴고
꿈 많은
세월 보듬어
노을깃에 물든다.

■ 강원시조 시인협회 추천작

나의 어머니 · 1

새벽녘 선잠 깨워 간절함 감아 올려
다독인 마음 자락 허공에 걸어 두고
봉긋이
피어나는 꿈
몽글몽글 영근다

칼바람 마주해도 아픔을 삭이우고
세월을 훈장처럼 온몸에 휘감은 채
모른 척
외면한 시간
추억인 양 얼랜다

캄캄한 밤하늘에 별같이 반짝반짝
영원한 보석처럼 칠흑의 굴레벗겨
치솟는
불변의 사랑
찬란하게 빛난다.

“나의 어머니” 창작의 밀실 : 함께 아파해 주는 당신

나의 어머니는 내 마음밭에 영원히 지지 않는 꽃으로 가슴속에 푸르름으로 살아가며 진한 향기 뿜어 준다.

자나깨나 떠나지 않은 채 빈자리 환한 웃음으로 가득 채워 이내 맘 붙잡아 주는 당신으로 자리 잡고 있다.

나의 어머니는 한많은 세상살이 앞에 고단한 맘 다잡아 얼래 주고서 늘 함께 아파해 주는 당신으로 남아 있다.

계절이 바뀔 때마다 저민 가슴 나 홀로 뒤척거릴 때 따순 손길로 안아주매 움츠린 그리움 속에 금방이라도 고운 손짓으로 찾아 허기진 목마름 씻어 주고 있다.

■ 제11회 빛고을 문예 백일장 장려상 수상작

서구 팔경

자연을 벗을 삼아 천만사 엮어가는
후학의 양성 위한 선비의 곧은 기개
올곧은 뜨거운 열정 만귀정에 매단다

금당산 높이 솟아 푸르름 날개 달고
바람색 돌돌 말아 세월을 물들이며
풍암 땅 꿋꿋이 지켜 오매불망 감싼다

사색의 울림들이 둘레길 돌고 돌아
설레임 풀어놓은 윤슬에 부서지며
파랗게 엎질러 놓은 풍암호수 깃든다

계절의 끝자락에 갈대밭 춤을 추며
맑은 물 영산강에 붉은 정 띄워 놓고
황금빛 낙조에 걸려 서창들녘 물든다

등 굽은 오랜 역사 우듬지 걸어 두고
고인돌 똬리 틀어 긴 사연 묻어둔 채
말없는 용두 지석묘 역사 속에 빛난다

구수한 사투리로 정겨움 실어 날라
넉넉한 양동 시장 흥겨움 넘쳐나니
벙그는 추억을 찾아 향기 실로 꿰맨다

구름에 턱 괴고서 깨달음 끌어안아
바위에 원효 불심 천년을 꽃 피우며
운천사 마애여래상 고고하게 앉았다

최후의 순간까지 정의의 칼을 들고
젊음을 붉게 태워 뜨겁게 피어 올라
한 품은 오일팔 공원 그 날의 꿈 기린다.

■ 제12회 빛고을 문예백일장 수상작

그 곳 향하여

푸르른 산골짜기 휘감고 돌고 돌아
엎드린 낮은 자세 쉼없이 포복하며
곰삭은 겸손함으로 파닥파닥 거린다

화려한 미소 날린 유혹에 외면한 채
곁눈짓 하지않고 의연함 잃지 않아
오로지 한곳 향하는 침묵의 길 걷는다

멈춰 설 장애물에 비켜 서 돌아가며
세월의 더께 위에 덧씌운 여유로움
핥고간 물안개 따라 사색의 길 걷는다

차올라 넘쳐날 때 조금씩 비워내고
부족함 채워주는 미학의 아름다움
우리 곁 따개비마냥 찰싹 붙어 지킨다

구름도 멈춰 서고 햇살도 쉬어 가니
바람도 함께 놀자 조르고 또 졸라도
여미는 옷깃 품으로 안아주며 감싼다

한곳에 담아둬도 기꺼이 받아들여
물새랑 물고기랑 살아 간 보금자리
은물결 사연 나누며 생명수로 잠긴다.

■ 제2회 완전공감 단시조 문학상 장원상 수상작

어머니 · 2

고단함
나 몰라라
뒷전에 밀쳐 놓고

말 못할
사연들이
겹겹이 밀려와도

자식들
바라기 사랑
여울목을 건넌다.

■ 운곡 선생 전국 백일장 차하 수상작

운곡 원천석* · 1

세월을 틀어 올린 치악산 줄기타고
꽃향기 가득 담아 영혼을 불어 넣은
순백의 절절한 고백 도란도란 거리며

고결한 선비 충절 소롯이 새겨 놓고
냉가슴 다독 다독 봉긋이 꽃을 피워
더 밝은 세상을 향해 뚜벅뚜벅 걷는다

여명에 갇힌 침묵 붓끝에 담아내며
보타진 가슴 밭에 민족혼 가득 채워
밤새워 산자락 베고 민초의 뜻 세우고

속울음 끌어안은 절절한 울부짖음
빛나는 별과 함께 어두움 밝히우며
타오른 구국의 불꽃 온누리에 퍼진다.

*원천석 : 고려후기 정치의 문란함에 개탄하여 출사하지 않은 은사(隱士)로 왕자 이방원의 스승이며 등용 고사.

운곡 원천석 · 2

문란한 정치 판에 몸둘 곳 어이할꼬
움츠린 가슴열어 벼슬길 마다한 채
허기진
속울음 삼켜
나라 걱정 깁는다

저너머 들려오는 베어진 억겁세월
청고한 절의정신 혼불로 일어서니
오늘도
태종대 바위
푸른 절규 떠돈다.

■ 이준열사 추모 문학상 수상작

이준 열사

세살 때 고아되어 힘들게 살았지만
총명함 남달라서 꿈 이룬 장원급제
사재로 인재 양성해 봉사정신 키웠다

법관 때 대관중신 불법과 비리 들춰
깨끗한 공직 풍토 바꾸려 했건만은
탐관들 중상모략에 사회 정화 어려워

구국회 조직하여 애국심 키워 가며
만민회 활동하다 잡혀가 투옥되어
당신은 국가 민족의 진정 어린 열사라

황무지 개척권의 요구에 반대하고
잘못된 을사조약 폐기를 주장하며
조국과 민족을 위해 이 한몸을 태웠다

헤이그 평화회의 특사로 파견 되어
일제의 협박으로 체결된 을사조약
무효라 세계 만방에 외쳐대며 알렸다

영국과 일본 대표 방해로 좌절된 꿈
지상에 게재하여 만방에 홍보하고
회합 때 열변 토하며 구국운동 펼쳤다

청원에 고개 돌린 한스런 안타까움
구국의 일념만은 접을 수 없었으니
영원한 큰 별 떨어져 피눈물을 쏟았다.

■ 미당 서정주 백일장 차상 수상작

엄마 손

맛 찾아 먹고 싶은 절절한 그리움에
먼 바다 밝혀 주는 찬란한 등대 마냥
된장 푼 알싸한 그 맛 떠올리며 찾는다

주름살 깊게 패인 세월의 뒤안길에
흐뭇한 미소 품은 당신은 침만 삼켜
행여나 목에 걸릴까 가시 발라 먹인다

팔순의 다져진 맛 그 손길 휘감아서
나이 든 아들에게 은근한 입맛 돌려
살아온 삶의 고리에 애틋함을 얹는다

물무늬 반짝거려 그 정성 흥건하니
지금껏 받은 사랑 기억의 열병 되어
사랑 꽃 헤아린 자리 추억 자락 흐른다.

■ 제1회 박덕은 백일장 수상작

상사화

꽃 찾는 이파리는 눈물로 그리지만
꽃잎도 잎사귀를 볼 수가 없는 사연
불타는
그리움 자락
사랑 노래 부른다

밟히면 죽을 듯한 어린싹 틔우더니
어느 날 꽃대 올려 화려한 자태 피워
도도한
그 모습으로
나그네 맘 붙든다

짝사랑 찾아나서 두리번 또 두리번
이룰 수 없는 사랑 묻어둔 안타까움
내 사랑
고백하지만
볼 수 없어 애탄다

스님을 연모하던 여인의 애끓는 정
상사병 앓다 누워 죽어서 꽃이 되고
그리워
사모한 여인
한이 맺힌 스님꽃.

■ 진도사랑 문학상 수상작

진돗개

저 멀리 팔려 가도 한밤중 찾아오니
돌아온 그의 모습 뼈 가죽 앙상하고
일곱 달
기나긴 세월
귀소 본능 빛난다

그 개의 주인이던 박복단 할머니가
충성심 품어안아 반겼던 백구 동상*
사람도
지키지 못한
오륜 지켜 사는 개.

* 백구 동상 : 진도의 한 백구가 대전으로 팔려 갔다가, 7개월 만에 300km 거리에 있는 진도의 원주인에게 돌아와 동상을 세웠다.

■ 한국문화예술연대 문학공간 추천작

시골장

정겨운 사투리로 장마당 북적이고
붕어빵 호호불며 추억을 말아 올려
투박한
막걸리 잔에
수다 담아 마신다

마대에 올라앉은 푸성귀 드러누워
할머니 손놀림에 예쁘게 단장하니
오가는
눈길 붙잡아
장바구니 채운다

갖가지 곡식 담은 베자루 줄서 있고
뻥튀기 아우성에 고소함 넘쳐흘러
흥겨운
휘몰이 장단
미소 피어 오른다

할머니 굽은 등에 꾸러미 똬리 틀면
스산한 바람속에 긴 한숨 얹어 놓고
노을빛
정다움 섞어
걸음걸음 흥겹다.

당신

갓맑은 눈빛으로 다가선 꽃빛 미소
화덕의 불꽃인 양 가슴에 타오르고
언제든
바라볼수록
고운 숨결 품는다

갈등의 언덕 너머 실바람 길게 뻗어
발걸음 지친 여정 사랑의 뿌리 내려
수직의
폭포수 받아
얼래 주는 호숫가

서로의 몸속으로 강물로 흘러들어
높거나 낮은 마음 선율로 음표 그려
낭창한
밧줄을 타고
너울너울 걷는다.

■ 운곡선생 전국 백일장 차하 수상작

운곡 선생의 영혼

뼛속을 파고드는 한 맺힌 응어리들
그 외침 눈물되어 치악산 물들이니
은은한
보랏빛 향기
마음 밭을 흔든다

귓볼을 간지르는 절절한 일필휘지
푸른 산 능선따라 깊은 뜻 새겨 놓아
지금도
낭랑한 소리
메아리로 울린다

끝없이 밀려오는 한 많은 그 사연들
가슴을 태운 불꽃 하늘로 치솟으니
타오른
순수의 열정
등불 되어 밝힌다.

■ 행복나눔 문학상 동상 수상작

보고픔

그리움 돌돌 말아 뜨락에 밀려오니
새들은 쏜살같이 하늘에 길을 내며
등 굽은
추억을 안고
가슴 밭에 눕는다

외로움 벗어던져 말갛게 헹궈내고
햇살에 현을 켜서 음률로 그려넣어
속삭인
맘자락 위에
하얀 숨결 흐른다

시인의 절규인 양 고운 꿈 등불 밝혀
비로소 별이 뜨고 달빛에 젖어들어
마음은
푸른 소리로
감싸 안아 뒹군다.

■ 행복나눔 문학상 동상 수상작

사색의 창 너머로

계절을 마름질한 옷벗은 우듬지
하늘빛 포갠 자리 살포시 내려 앉아
아무도
찾지않으니
선녀마냥 유영한다

막연한 그리움에 애틋함 깊이 묻어
행여나 찾아 올까 시선만 더듬거려
설레는
마음 붙잡아
한가로이 노닌다

그대가 마중 올까 조각배 띄워놓고
절절한 가슴으로 파고든 추억들이
구름에
몸을 부비며
시심 자락 날린다.

■ 행복나눔 문학상 동상 수상작

지나간 세월

초야에 묻어둔 꿈 아리게 질척이며
젊음의 뒤안길에 추억을 틀어쥔 채
수많은
사연 보듬어
가슴안에 머문다

덧없는 시간 자락 해종일 푸념하다
아쉬움 그렁거려 마음 속 매달리니
갈증의
언저리에서
뉘우치며 달랜다

두터운 시름 벗어 시렁에 걸어 두고
절절한 눈망울로 하늘빛 들쳐업어
날 세워
할퀸 자국도
침묵으로 감싼다.

■ 행복나눔 문학상 동상 수상작

봄의 문턱

산책길 나뭇가지 새들이 날아 앉아
바람색 말아 올려 봄내음 쪼아대고
하늘빛
그리움 깨워
지저귀며 노닌다

시린 날 비켜서니 따스한 햇살 내려
계절의 길목에서 연둣빛 나래 펼쳐
부풀은
가슴 한켠에
설렘 가득 안긴다

겨우내 움츠렸던 열정의 노랫가락
낯익은 향내음은 바람에 턱을 괴고
꿈 많은
세월 보듬어
노을깃에 물든다.

■ 행복나눔 문학상 동상 수상작

목련

등굽은 나뭇가지 따순볕 쪼아대며
하이얀 꽃잎 펼쳐 하늘을 떠받친 채
그리도
아린 기다림
활짝 열어 반긴다

추위에 움켜 잡힌 맘 자락 다독거려
봄바람 부여잡아 향내음 흩날리니
순백의
날갯짓으로
허공 향해 매단다

긴 시간 오매불망 보고픔 사무쳐서
빛바랜 얼룩 지워 하늘하늘 춤추며
내 님을
만나지 못해
내민 설렘 하르르.

■ 전국 이은방 문학상 차하 수상작

어느 일기

간절함 돌돌 말아 은은히 젖어드니
빛바랜 추억들이 창가로 몰려와서
여백은
그리움 찾아
쉬지 않고 달린다

엎드린 보고픔이 스르르 고개들어
마음줄 끌어당긴 기억의 그림자가
그려낸
그대의 미소
다가서서 반긴다

주마등 걸쳐 놓은 틀어쥔 편린들이
새우잠 뒤척이며 벼갯잇 적시우고
등 굽어
곰삭은 사랑
화석처럼 서 있다.

■ 빛고을 문예백일장 문학상 수상작

서구에 핀 꽃

잔물결 은반위에 높은 꿈 가득 채워
후학들 모여 앉아 써 내린 일필휘지
뜻 깊은 만귀정자에 흥건하게 젖는다

금당산 솟아올라 포근히 품어주며
주름진 산모롱이 호롱불 치켜 들고
수많은 세월 보듬어 풍암 땅을 지킨다

둘레길 피어 나는 어여쁜 꽃송이들
솔낭구 우듬지에 푸르름 펼쳐 놓고
풍암호 찾아든 백로 한가로이 노닌다

들녘은 만삭으로 황금빛 풀어 헤쳐
갈햇살 누운 자리 풍년을 노래하며
노을빛 서창 들녘을 물들이며 펼친다

고인돌 옹기 종기 옛얘기 묻어두고
차오른 몸부림에 영글은 역사 담아
용두동 지석묘 누워 고고하게 빛난다

앞치마 동여맨 채 먹거리 버무르며
정 넘친 양동 시장 넉넉함 넘쳐나니
애틋함 남겨 둔 발길 그리움발 넘친다

큰 바위 찬란하게 고요를 밟고 올라
암벽에 원효 불심 소롯이 새겨 놓고
운천사 마애여래상 탐닉하여 전한다

휘두른 총칼 앞에 청춘을 불사르며
일어나 울부짖는 절절한 민주 항쟁
오일팔 공원 마당에 뚜렷하게 새긴다.

■ 고려정당문학 백일장 차하상 수상작

의자가 되고 싶은 나무

우람한 몸둥이로 숲 그늘 펼쳐 놓고
화사한 꿈길 따라 흰구름 등에 업어
든든히
자리잡고서
마디마디 숨쉰다

널따란 이파리는 뜨거운 햇빛가려
바람색 말아 올려 하늘빛 포개 얹어
속 깊은
살가운 울림
맨몸으로 서 있다

푸르름 대롱거려 허공에 턱을 괸 채
향긋한 꽃 내음을 산야에 흩뿌리며
정겹게
피어낸 미소
살랑살랑 거린다.

■ 한밭 시조 백일장 차상 수상작

별

색바랜 바람벽에 그리움 흘러내려
빛따라 걸쳐 놓은 부릅뜬 보고픔이
문 틈새 타고 들어와 뒷짐지고 서 있다

와지끈 토해내는 옛얘기 말아 올려
한 움큼 주워 담아 가슴에 간직한 채
덧없는 외로움으로 젖은 눈빛 헹군다

슬프나 기쁠때나 함께해 다독이고
지친 길 앉혀 두고 파아란 꿈을 꾸며
수줍게 어두움 밝혀 설렘자락 흐른다

옹이진 빗장 열어 설레임 날려보내
정갈히 헹궈내는 움트는 여유로움
속삭인 맘자락 위에 다짐 조각 꿰맨다

세월에 엉킨 사연 켜켜이 빗질 하듯
추억을 돌돌 말아 달콤한 미소 날려
애틋함 오롯이 담아 하이얗게 내린다

절절히 그렁대는 사색에 빠져들어
아슴히 떠오르는 그날을 합장하며
티 없이 맑은 눈빛에 빠져들어 걷는다.

■ 독도문예대전 특선 수상작

독도는 한국땅

태초의 첫날부터 한반도 터를 잡아
억겁의 세월 속에 온몸에 새긴 역사
찬란한 아침의 조국 꿋꿋하게 버틴 섬

가늘게 휘는 바람 해조음 불러 모아
파도를 힘껏 안아 가슴을 궁굴리고
둥지튼 괭이갈매기 부리 들어 외친다

천만년 풍파에도 백의의 혼불 담아
절규로 양팔 벌려 드높여 세운 깃발
왜풍이 휘몰아쳐도 의젓하게 막는 섬

해종일 열정 품고 올곧게 우뚝 서서
듬직한 저항으로 당당히 버텨내며
지켜낸 쪽빛 화산섬 늠름하게 서 있다

이 나라 한반도의 외로운 등대지기
꿋꿋이 세운 어깨 어둠을 밝히우고
불빛은 꺼지지 않고 바위섬을 품는 섬

끝없는 망망대해 외로이 서 있어도
장대한 백두대간 등뼈에 올라 앉아
한 많은 세월 보듬어 홀로 서서 지킨다.

■ 광주문협 인터넷 백일장 수상작

사진

추억이 숨죽이다 화들짝 깨어나서
만삭의 그리움이 하느작 걸어나와
빛바랜 이야기 찾아 한장한장 펼친다

먼 기억 끌어안고 뒤척인 갈피마다
꿈 조각 활짝 펼친 사랑의 부스러기
떠돌던 마음의 부표 액자속에 담는다

동심의 뒤안길에 가슴밭 묻은 사연
그림 속 누운 몽환 열정꽃 피워 놓고
젊은 날 파란 숨결로 되살아난 그 시절

긴 시간 오매불망 새겨진 흔적 보며
내 안에 나를 찾아 목마름 적셔 놓고
아련한 기억의 조각 꺼내들고 반긴다

어여쁜 모습 담아 빼꼼히 고개 들고
핑크빛 꿈을 향해 끝없이 내달리니
세월의 발자국 따라 고이 고이 새긴다.

제3부

바람은 알까

■ 광주문협 인터넷 백일장 수상작

연정

긴 세월 오매불망 보고픔 사무쳐서
아련한 추억 안아 해종일 들썩이니
지난날 그리워하며 깊은 사랑 띄운다

가늘게 휘는 바람 흰구름 끌어안고
싱그런 꿈길 따라 사진첩 들춰 보며
부풀은 나랫짓 펼쳐 기다림을 날린다

별빛은 창가에서 하얗게 노래하고
벼갯잇 적신 눈물 미련의 아픔인가
절절한 그리움 엮어 꽃바람에 띄운다

밤새워 뜬눈으로 설레는 마음 자락
목마름 다독이며 간절함 말아올려
이토록 그리는 님은 언제쯤에 오실까.

■ 제2회 봉황마타리꽃 문학상 대상 수상작

마타리꽃 사랑

안개 속 헤매이던 아픔을 참아내며
배낭에 햇살 담아 오솔길 휘돌아서
싱그런 바람을 타고 인고의 꽃 피운다

끝없는 방황에서 버거움 내려 놓고
아련한 별빛 아래 벼개섶 적시우며
비정한 세월을 안고 기다리는 내 님아

허기진 세월 속에 살며서 파고들어
내 마음 구름처럼 굴곡진 삶의 명암
파음은 선율을 타고 잉걸불을 밝힌다

잠든 싹 깨워주는 하늘 땅 진한 향기
꽃잎진 자리 위에 알알이 맺은 열매
긴긴밤 마음밭 태워 피어올린 인연 꽃.

■ 제2회 봉황마타리꽃 문학상 대상 수상작

마타리꽃 연정

몸을 편 휘장처럼 푸르른 숲이되고
오솔길 언덕배기 온 산을 물들이며
마주한 꽃들의 노래 봉황대를 감싼다

속울음 훈장인 양 온 몸에 휘감은 채
긴 상흔 마주해도 아픔을 삭이우고
솟아난 불변의 열정 꽃잎되어 피운다

시간이 버무려낸 비정의 세월 안고
가슴 속 머물다간 곡진한 향기 번져
추억의 벌나비되어 춤을 추며 안긴다

농익은 감성의 빛 켜켜이 쌓아 올려
인연의 마음밭에 저 하늘 별이되어
영혼이 잠든 무덤에 일편단심 피운 꽃.

■ 제2회 봉황마타리꽃 문학상 대상 수상작

마타리꽃 노래

타고난 운명인 양 사랑의 끈에 묶여
인연의 빛줄기로 온 세상 밝히운 채
절절한 영혼 깨우는 한 줄기 빛 내린다

한파에 부대끼며 한 맺혀 서린 아픔
어둠이 길게 뻗혀 서러워 흘린 눈물
하얗게 젖은 이야기 뼛속 깊이 박힌다

속으로 타는 가슴 그 누가 알아주랴
푸석한 마음밭에 그리움 요동치니
빈 들녘 양치기처럼 길 없는 길 찾는다

앞동산 온갖 꽃들 날개를 팔랑이고
풋풋한 싱그러움 온 산을 끌어 안아
헤매는 한 폭의 파편 열망의 꿈 피운다.

왕비 용녀 연정 · 2

온몸에 현을 타고 그리움 쌓여가도
빈칸을 채워가는 뜨거운 목마름에
세상사 건널 수 없는 가슴앓이 견딘다

늘 푸른 꿈을 품은 애절한 약속의 끈
그 징표 흔적없이 꺼지게 살아온 삶
숨겨진 가슴 속 아픔 혼절하듯 취한다

눈부신 햇살처럼 어둠을 걷어내고
빈 가슴 채워 넣는 새로운 세상 풍경
온 세상 아름다움을 그림처럼 펼친다

봉황대 감싸 안아 휘도는 짙은 안개
산천이 아름다워 봉황이 둥지 튼 듯
산비탈 사래 긴 밭에 우러나는 사랑아.

■ 제2회 왕비용녀 문학상 최고상 수상작

왕비 용녀 한

푸른 꿈 날개 펼쳐 밑그림 그려 놓고
기다림 끝자락에 꿋꿋이 피우고파
못다 핀 애절한 인연 영혼속에 젖는다

백발의 머리털로 다하지 못한 사랑
내 마음 어쩌자고 그 곁을 맴도는데
애절한 마음을 태워 혼불 한 칸 밝힌다

언제나 한 맘으로 꿋꿋이 팔 벌린 채
새처럼 날개 달아 끝없이 날아 올라
깊은 정 열정을 풀어 다독다독 달랜다

한 평생 꿈을 먹고 배 불린 자리마다
실하게 영근 열매 튼실히 매달리니
아픈 밤 사그린 노래 봉황대 길 묻는다.

■ 제2회 왕비용녀 문학상 최고상 수상작

왕비 용녀 사랑

영혼의 상흔들이 애절한 메아리로
아픔의 가장자리 뼛심을 채워내며
부르튼 인고의 열정 옹이 되어 박힌다

장고의 설렘 꼬아 동여맨 기운 번져
키질로 까부대는 쭉정이 털어내듯
밤하늘 별자리 속에 마음밭을 데운다

바람은 서성이며 고요는 자라는데
남겨진 여운으로 넘치는 이 감정들
또렷이 휘감긴 연정 망울망울 감긴다

어둠을 밀쳐내는 지난한 삶의 해독
사위는 생의 여정 눈부신 곡선으로
진실의 음률 흩날려 청실홍실 엮는다.

■ 강진고을신문 추천작

명절

시공간 훌쩍 넘어 손꼽아 기다리며
밤새워 턱을 괸 채 고향 길 달려가니
보고픔 돌돌말아서 그리움꽃 피운다

애틋한 마음 자락 창문에 걸어 두고
만남의 촉수들이 은은한 향기 날려
사립문 들어서더니 하얀 미소 날린다

달콤한 사랑 빚어 설레임 매달고서
가슴속 파고 들어 알알이 쟁여 놓고
정답게 부둥켜 안아 뜨거운 정 나눈다

반가운 얼굴들과 오가는 정담 나눠
즐거움 어우러져 흥건히 젖어 드니
가족 간 따스한 온기 행복 속에 물든다.

■ 강진고을신문 추천작

민들레

짓밟고 지나가도 오롯이 참아내며
영혼을 불러 모아 꽃내음 가득 채워
순수한 눈망울마냥 초롱초롱 빛난다

꺾이고 망가져도 또 다시 일어서서
버텨 온 두께만큼 속울음 움켜쥔 채
살아온 삶의 고리에 애틋하게 피운다

보타진 마음밭에 잔잔한 울림으로
꼭 다문 잎새마다 애틋함 품고 앉아
노랗게 미소가 번져 향기 실로 꿰맨다

상흔을 씻어내며 그 안에 깃든 애정
간절함 말아올려 사랑꽃 피워 놓고
비움의 생명줄 되어 뜨거운 정 나눈다.

■ 강진고을신문 추천작

바람은 알까

세월에 묻은 추억 말 없이 쓸어대며
그리움 사무쳐서 구름에 얹어 놓고
빈 가슴 일렁거리듯 마음까지 흔든다

감성의 울림들이 해종일 들썩이니
고운 빛 마음 밭에 간절함 심어 두고
흘러간 지난 날들이 살랑 살랑 거린다

밤새워 뜬눈으로 간절함 감아올려
두터운 시름 벗어 그리움 쏟아내며
살아온 삶의 고리에 낭만 자락 날린다

사색의 그림자가 밤하늘 별을 세며
갈바람 잡아 놓고 보고픔 띄우지만
침묵은 미동도 없이 긴 기다림 되었네.

■ 강진고을신문 추천작

초겨울 단상

나목에 걸쳐 있는 외로운 잎새 하나
날 세운 찬 바람이 수없이 추근대며
말 없이 끌어안고서 땅바닥에 뒹군다

소복이 쌓여 있는 빛바랜 낙엽 위에
겹겹이 올라 앉은 사색의 걸음 마다
계절의 끝자락 타고 시린 가슴 달랜다

흐르는 세월 속에 그리움 꺼내 들고
닿을 듯 파고드는 아련한 추억들이
한 줄기 헤일 수 없는 메아리로 서 있다

아리게 질척거린 짓무른 사연 엮어
아련히 다가서는 휘어진 감성의 덫
노을빛 오롯이 품어 설렘 밭에 눕는다.

■ 강진고을신문 추천작

사색의 오후

계절을 마름질한 옷벗은 우듬지
하늘빛 포갠 자리 살포시 내려 앉아
아무도
찾지 않으니
선녀마냥 유영한다

막연한 그리움에 애틋함 깊이 묻어
행여나 찾아 올까 시선만 더듬거려
설레는
마음 붙잡아
한가로이 노닌다

그대가 마중 올까 조각배 띄워놓고
절절한 가슴으로 파고든 추억들이
구름에
몸을 부비며
시심 자락 날린다.

■ 강진고을신문 추천작

복수초

칼바람 비켜서서 산기슭 둥지 틀어
맨발로 꽃발들고 살얼음 뚫고나와
향내음
설설 버무려
수런수런 거린다

길고 긴 시린 날들 차오른 자맥질로
수줍음 쓸어 담아 빼꼼히 고개들고
설레임
끌어않은 채
새날의 꿈 펼친다

살포시 기지개 켠 사색의 걸음걸이
쌓인 눈 헤집으며 화알짝 피운 미소
노란빛
돌돌 말아서
희망의 꽃 피운다.

■ 강진고을신문 추천작

첫눈 오는 날

바람에 실려오는 눈부신 빛이되어
계절의 울음으로 파닥이는 설레임
간절한
여운의 침묵
휘감은 채 날린다

가슴에 심어 놓은 그리움 기웃거려
세월에 엉킨 사연 켜켜이 빗질 하듯
애틋함
오롯이 담아
하이얗게 내린다

탈색된 흔적들이 추억의 촉수 되어
가슴속 나폴거린 한 떨기 꽃을 피워
서걱댄
댓잎 소리에
시심 자락 읊는다.

■ 강진고을신문 추천작

첫눈 밟으며

보드란 솜털마냥 삭풍에 업혀오니
동심의 부스러기 하나 씩 꺼내들고
하이얀
그리움 위로
추억 자락 날린다

절절히 그렁대는 사색에 빠져들어
아슴히 떠오르는 보고품 덧씌우며
티 없이
맑은 눈빛에
빠져들어 걷는다

마음밭 서성이는 아련한 얘기 찾아
침묵의 언저리에 설레임 꽃발 들고
곰삭은
망각의 시간
붙잡은 채 서있다.

눈길을 걸으며

헐벗은 우듬지에 꽃송이 달아 두고
보드란 융단으로 살포시 길을 깔아
하얗게
미소 피우며
살랑살랑 날린다

한 발씩 뗄때 마다 건반의 울림인 양
추억의 멜로디로 음표를 달아 놓고
여백은
그리움 찾아
사각사각 거린다

오가는 숨결 마다 지문을 남기고서
낭만을 불러 모아 말없이 새겨주니
영원한
순백의 향기
마음 속에 품는다.

■ 강진고을신문 추천작

세월 앞에

초야에 묻어둔 꿈 아리게 질척이며
젊음의 뒤안길에 추억을 틀어쥔 채
수많은
사연 보듬어
가슴안에 머문다

덧없는 시간 자락 해종일 푸념하다
아쉬움 그렁거려 마음 속 매달리니
갈증의
언저리에서
뉘우치며 달랜다

두터운 시름 벗어 시렁에 걸어 두고
절절한 눈망울로 하늘빛 들쳐업어
날 세워
할퀸 자국도
침묵으로 감싼다.

■ 강진고을신문 추천작

봄의 찬가

따스한 알갱이를 대지에 게어내니
만삭의 몸을 풀어 어린순 고개 들고
우주의 파란색 울림 생명 소리 들린다

산너머 남녘에서 곰삭은 소식 전해
계절의 본향 찾은 만물의 합주곡에
꽃등에 깨금발하는 새 한마리 서있다

수줍게 실눈 뜨고 입술 연꽃 봉오리
뜨락을 가득 채운 꽃 향기 진동하며
포근한 바람의 노래 요람처럼 품는다

선잠에 취해있는 개구리 옹알이에
포근한 햇살 아래 이야기 풀어내며
깊은 밤 한숨 자고 깬 새싹들이 반긴다

하늘 땅 부려 놓은 초록빛 세상 열어
새들의 노랫가락 희망을 노래하며
연둣빛 물감을 풀어 신비 세계 펼친다.

■ 강진고을신문 추천작

벚꽃 길

활짝 핀 꽃숭어리 싱그런 고운 빛깔
봄내음 가득 품어 하늘빛 쪼아대니
계절의 행간 사이로 눈꽃마냥 하르르

살포시 채워지는 추억의 잔상 위로
바람색 말아 올려 수줍게 매달리니
빈 가슴 한껏 부풀어 낭창낭창 거린다

예쁘게 포갠 꽃잎 부드런 미소 날려
낭만을 불러들여 설레임 똬리 틀고
여백은 그리움 찾아 하이얗게 물든다

마음밭 심어 놓은 수많은 이야기가
빗살무늬 날개 달아 사색을 물들이고
꽃향기 한껏 부풀어 덧칠하여 피운다.

■ 강진고을신문 추천작

너에게 묻는다

긴 세월 오매불망 보고픔 사무쳐서
아련한 추억 안아 해종일 들썩이니
지난날 그리워하며 깊은 사랑 띄운다

가늘게 휘는 바람 흰구름 끌어안고
싱그런 꿈길 따라 사진첩 들춰보며
부풀은 나랫짓 펼쳐 기다림을 날린다

별빛은 창가에서 하얗게 노래하고
벼갯잇 적신 눈물 미련의 아픔인가
절절한 그리움 엮어 꽃바람에 띄운다

밤새워 뜬눈으로 설레는 마음 자락
목마름 다독이며 간절함 말아올려
이토록 그리는 님은 언제쯤에 오실까.

■ 강진고을신문 추천작

그림자 · 1

수많은 흔적들이 가슴 밭 자리잡아
세월의 문 앞에서 사랑의 볼 부비며
한평생
인연의 늪에
한 몸마냥 뒹군다

동여맨 인연 자락 행간을 펴득이니
서로를 껴안고서 보고픔 버무리며
은은한
보랏빛 향기
손사래 쳐 반긴다

마음의 창을 열어 살갑게 따라 붙어
결 고운 세월속에 추억을 덧씌우고
먼 길을
잰걸음으로
다가서서 안긴다.

■ 강진고을신문 추천작

다리 · 1

시냇가 이른 아침 물안개 피어 올라
잔잔한 눈망울로 햇살을 들쳐업고
해종일
길 터 놓고서
빗장 풀어 반긴다

윗동네 아랫마을 정담을 실어 날라
하많은 사연들을 줄줄이 이어주며
모든 것
다 비워낸 채
사랑으로 채운다

오가는 발길마다 추억을 물들이며
수많은 얘기들을 소롯이 품어 안아
평생을
미동도 없이
오도카니 서 있다.

■ 강진고을신문 추천작

그림자 · 2

추억 속 얘기들이 희미한 지문처럼
보고품 말아쥔 채 한없이 따라나서
파도에
일렁거리듯
너울너울 춤춘다

긴 시간 오매불망 그리움 사무쳐서
설레임 파닥파닥 간절함 돌돌 말아
잡힐듯
잡히지 않는
그대 환영* 맴돈다

가슴밭 찰싹 붙어 영혼을 틀어 잡아
감성의 울림들이 여백을 끌어안고
설레임
온몸 휘감아
오도카니 서 있다.

*환영(幻影) : 눈앞에 없는 것이 있는 것처럼 보이는 것.

■ 강진고을신문 추천작

다리 · 2

감성의 울림들이 동심을 깨워 놓고
설레는 발걸음에 인연길 놓아주며
시냇가 그리움 깨워 하늘하늘 춤춘다

바람이 사선 그어 그리움 덧칠하니
사색의 그림자가 물위에 길게 누워
꿈 많은 세월 보듬어 여울목을 건너다

물오리 한가로이 낭만을 노래하며
만남의 촉수들이 두터운 시름 벗어
풀섶에 감성 풀고서 시심 자락 낚는다

그림자 앞세우고 보고픔 밟는 소리
오늘도 즈려밟아 줄줄이 이어주니
갓맑은 추억 밝히며 가슴 밭에 눕는다.

■ 강진고을신문 추천작

기다림

속울음 누른 채로 긴 긴 밤 뒤척 뒤척
그대의 마음속에 살포시 파고 들어
한겨울 눈 사람으로 하얀 겨울 보낸다

비바람 몰아쳐도 꿋꿋이 버텨내며
수줍은 그리움의 꽃으로 피어올라
봄 뜨락 햇살 가득찬 설렘으로 살련다

등줄기 타고 오른 목마름 스멀스멀
밤하늘 밝혀주는 별 세는 추억 꺼내
공허한 마음 보듬어 얼래 주며 감싼다

비집고 들어오는 외로움 가득 넘쳐
빈 가슴 시려오는 허허로움 절절하니
보고파 잠 못 이룬 밤 베갯잇을 젖는다.

■ 강진고을신문 추천작

짝사랑

빛나는 그 눈망울 가슴 속 파고들어
하이얀 미소 위에 내 마음 포개놓고
곱다시 휘감은 사랑 망울 망울 쏟는다

담 너머 훔쳐보는 어여쁜 꽃숭어리
향기로 꿈틀대는 절절한 그대 모습
이파리 파르르 떨며 설렘자락 흐른다

잔잔한 강물 위에 돛단배 띄우고서
감춰진 사연 엮어 속울음 토해내니
윤슬로 타오른 열정 뿜어내며 흐른다

간절한 눈빛으로 수줍음 한줌 담아
푸른 꿈 스멀대는 물안개 그려넣어
부풀은 마음 한 권 희망 가득 채운다.

■ 강진고을신문 추천작

구지가*

구지봉 산자락에 찬란한 빛이 흘러
백성들 춤을 추며 수로왕 맞이하니
한없는
가야의 숨결
눈부시게 빛난다

거북의 가슴인 양 구산동 끌어안아
억겁의 세월 동안 이땅을 지켜내며
오늘도
서쪽을 향해
고개들어 살핀다

움트는 사연속에 붓끝에 날개 달아
햇살에 현을 켜서 향기로 선율 새겨
비단빛
전설의 향기
온누리에 전한다.

*구지가(龜旨歌) : 임금을 맞기 위한 민중 노래로 영신군가(迎神君歌)라 한다.

■ 강진고을신문 추천작

향수 · 1

단칸방 가마니틀
버티며 앉아 있고
어머니 바늘대에 긴 한숨 밀어 넣자
아버지
가마니바디* 내려치며 달랜다

할머니 굽은 손길
짚 이어 새끼 꼬니
손주들 둘러앉아 그 모습 따라 하다
고사리
앙증맞은 손
호호불며 까르르.

*가마니바디 : 가마니 짤 때 사용하는 38개 구멍 뚫린 나무로 만든 기구

■ 강진고을신문 추천작

어머니 · 3

허름한 초가삼간 꿈꾸는 오두막집
물안개 피어 올라 사립문 건드리니
새벽녘 정한수 올려 자식 소원 품은다

쪽지어 비녀 꽂은 깔끔한 까만 머리
노오란 삼베 적삼 비집어 나온 가슴
오 남매 키워낸 감성 가족 사랑 매단다

된장국 보리밥에 열 식구 아침 밥상
정재소 뿌연 연기 가득차 넘쳐나고
어느새 중천에 뜬 해 새참 준비 바쁘다

머리에 가득 이고 양손에 거머쥐어
이웃 집 품앗이꾼 샛거리 가득 담아
차려진 논두렁 밥상 허기진 배 채운다

어느새 서산마루 기운 해 늬엿늬엿
하이얀 굴뚝 연기 저녁놀 삼켜대고
구멍난 버선 꿰매며 까만 밤을 지샌다.

■ 강진고을신문 추천작

보금자리

속 깊은 담소 피워 애기 꽃 도란도란
설레는 꿈길 따라 포근함 뿜어내며
편안한
마음 한켠에
사랑 가득 채운다

말 못할 사연들이 행간에 퍼득이니
서로를 껴안고서 빈 가슴 다독 다독
외로움
소롯이 달래
깊은 향기 나눈다

따스한 마음 밭에 간절함 돌돌 말아
봉긋이 피어 올려 고단함 잠재우며
성납게
품어 안으며
뜨거운 정 나눈다.

■ 강진고을신문 추천작

무돌길

푸르름 아우르는 무등산 품에 안겨
세월을 틀어 올린 등굽은 노송 가지
수천년 내려온 역사 영원토록 머문다

주름진 산길 따라 나뭇꾼 오르내려
윗마을 아랫동네 정담을 이어가니
한없이 쌓여만 가는 옛이야기 정겹다

금수목 우듬지에 낮달이 걸려 있고
산야에 흐드러진 야생화 향기 날려
발자국 닿는 곳마다 온몸으로 번진다

가늘게 휘는 바람 하늘빛 끌어 안아
충신의 곧은 절개 깨달음 심어 놓고
억겁의 시간 보듬어 순례길이 되었다

산자락 굽이굽이 물안개 휘어 감아
싱그런 풀숲 내음 온 산에 걸려 있고
황톳길 산모롱이에 낭만 품어 안긴다

산새들 노랫가락 바위에 걸터 앉아
맑은 물 실눈 뜨고 돌 틈에 속삭대니
설레는 마음 한켠에 추억 가득 채운다.

향수 · 2

바람이 사선 그어 사립문 틀어 잡고
하얀 눈 소복소복 댓잎은 사각거려
포근히
가슴속으로
파고들어 안긴다

대나무 창살 위에 찬파람 눌러 앉아
문풍지 타고 흘러 추억을 노래하니
아랫목
차지한 온기
손 내밀어 녹인다

화롯불 담소 나눠 사랑이 피어올라
구수한 군고구마 꺼내든 마음 자락
곱은 손
호호 불면서
노랑 낭만 벗긴다.

■ 강진고을신문 추천작

무명베 길쌈

하이얗 눈꽃처럼 다래가 피어나니
햇볕에 따다 말려 씨앗기 돌리면서
목화솜 끼워넣으면 솜과 씨앗 떨군다

대나무 휘어만든 활줄에 매어 달아
막대로 두들기며 활끈을 잡아당겨
수수깡 말대에 감아 솜털 고추 만든다

왼손에 고치 들고 오른손 물레돌려
꼬아서 실 만들어 가락에 감아 놓고
긴 한숨 말아 올리며 허허로움 달랜다

왕겻불 피워놓고 좁쌀풀 솔에 묻혀
날기와 매기 작업 고단함 얼래가며
발에는 베틀신 신고 북침 넣어 베짠다

주름진 얼굴 위에 모든 것 내려 놓고
시장기 잊은 채로 하루해 넘어가니
가난이 할퀸 자국도 가슴 속에 품는다.

■ 강진고을신문 추천작

삼베 길쌈

대나무 삼칼써서 잎사귀 잘라내고
삼대를 찌어낸 뒤 햇볕에 말려 가며
부풀은
마음 한켠에
뿜어내는 긴 한숨

추억 속 이야기로 고단함 얼래가며
모시 올 가닥가닥 다리에 비벼꼬아
손 바닥
침을 바르며
한 올 한 올 이은다

숯불을 지펴 놓고 치잣물 곱게 들여
베맨 뒤 도투마리 감아서 베를 짜니
한많은
노랫가락이
눈물되어 흐른다.

■ 강진고을신문 추천작

호국영령

수 많은 세월 속에 다져온 굳은 맹세
죽음의 잔을 들고 애국의 길을 택해
당신은
죽어서라도
조국 품에 안긴다

몸바쳐 남긴 말은 간절한 호국정신
영원히 지지 않는 천년의 꽃이 되어
그대는
오직 한가지
나라 위해 잠든다

모든 것 불태워서 꽃 피운 구국일념
우리들 가슴속에 들어와 숨을 쉬며
천상의
옥구슬 소리
울려퍼져 흐른다.

■ 강진고을신문 추천작

산불

하늘 땅 가로지른 바람 등 타고 앉아
화마가 떼를 지어 한없이 달려들어
칠흑 속 어둠을 뚫고 하늘 높이 솟는다

고요한 산기슭에 야생화 꽃잎 떨고
죽음의 눈 앞에서 애타게 우는 참솔
동식물 모두 사라져 뼛조각만 뒹군다

장천을 휘어감아 쉼없이 휘두르고
망나니 칼춤 추며 악마로 덤벼들어
헐벗은 산자락 위에 잿더미만 남긴다

조상의 혼을 품어 대대로 지켜온 집
불 속에 녹아 흘러 뼈대만 앙상하니
가슴을 도려낸 아픔 하늘턱에 기댄다

산사의 범종 소리 불길에 멈춰서고
수많은 보물 잃은 깊은 산 천년고찰
남겨진 주춧돌들만 덩그러이 서있다.

■ 강진고을신문 추천작

해바리기

그대는 꽃이 되고 나는야 잎새 되어
그리움 휘감기는 무언의 몸짓 예술
마음도 집어삼키며 가슴속을 후빈다

꿈꾸는 꽃봉오리 열리는 벙근 입술
곰삭아 긴긴 시간 절절히 열정 피워
애틋함 끌어안은 채 침묵의 강 건넌다

붉게 탄 속앓이로 길섶에 둥지 틀어
바림한 갈피처럼 꼿꼿이 깃을 세워
오늘도 간절한 고개 화석처럼 서 있다

하늘로 날아올라 드넓게 삶을 풀어
티 없이 맑고 고운 미소 띤 얼굴 보며
소롯이 달콤한 설렘 하루 해를 보낸다

따스한 체온으로 겹겹이 깔고 누워
쉼 없이 타오르다 저무는 아쉬움에
오호라 허기진 노을 칭얼대는 사랑아.

■ 강진고을신문 추천작

첫사랑

해종일 훑고 가는 생채기 헤집으며
주마등 걸쳐 놓은 별빛을 퍼 나르니
아직껏
마음 붙들어
설렘자락 흐른다

한시름 돌돌 말아 그리움 달래지만
끈질긴 동아줄에 달콤함 꽁꽁묶여
침묵의
냉기 한 톨씩
추억속에 녹인다

세월을 쟁여 놓은 주름진 얼굴 위에
가슴에 아로새긴 하이얀 그대 미소
속삭인
감성의 뜨락
연둣빛 꿈 펼친다.

■ 강진고을신문 추천작

촉석루

가늘게 휘는 바람 뜬구름 품어안아
억겁의 세월 동안 올곧게 우뚝 서서
두터운 진실의 무게 스며들어 젖는다

앞강물 흐른 물은 한없이 푸르르고
그 정기 굽이굽이 마음밭 휘어감아
오롯이 꽃잎 진 자리 일편단심 새긴다

주름진 벼랑 위에 숨소리 멈춰선 채
그 날의 못다 한 말 누각에 새겨 놓고
한 많은 사연 보듬어 홀로 앉아 지킨다

구국의 일념으로 속울음 참아내고
온 몸에 날개 달아 청춘을 불사르며
왜장수 부둥켜안아 죽음으로 알린다

장대한 꿈을 펼쳐 깊은 뜻 아로새겨
바람 폭 휘날리는 강섶에 길게 누워
절절한 애국의 불꽃 온누리에 밝힌다.

제4부

나의 첫 인연

■ 강진고을신문 추천작

봄의 단상

밭이랑 사이사이 장다리 피어 올라
실바람 타고 오른 종달새 지저귀며
풀잎도
신바람 나서
어깨춤을 날린다

앞산에 멧비둘기 님 찾아 울어대니
뻐꾹새 뻐꾹뻐꾹 덩달아 노래 불러
저리도
절절한 울림
메아리쳐 울린다

눈부신 봄 햇살에 사르르 젖어들어
연분홍 입술 내민 두견화 미소 날려
오가는
발길 붙잡아
설렘 가득 채운다.

■ 강진고을신문 추천작

무등산

구름이 머물다 간 우람한 큰 산으로
보드란 아름다움 사르르 말아 올려
휘감은
운무 사이로
고개 내민 봉우리

날마다 바람으로 에워싼 기암괴석
돌기둥 무리 지어 우뚝 서 늘어 서고
햇살은
돌틈 비집어 땅
그림자 내린다

낮은 듯 높다랗게 섬처럼 솟아 올라
산자락 사이 사이 우듬지 물들이고
불붙듯
화려함으로
수채화를 그린다.

■ 강진고을신문 추천작

추월산 풍광

가을밤 올려 보니 달 걸린 산봉우리
산능선 타고 흐른 와불상 근엄함은
오늘도 티없는 세상 당부하며 누웠다

갖가지 모습으로 서 있는 기암괴석
만물상 차려놓듯 암벽들 옹기종기
담양호 품어 안으니 추억 자락 정겹다

절벽끝 언저리에 제비집 불심 품어
기도의 도량으로 보리암 지을 곳을
매달려 앉은 자리에 보조국사 세웠다

맑은 물 굽이굽이 돌면서 드러눕고
물위에 타고 앉아 윤슬로 일렁이니
힘차게 승천하려는 용의 모습 그렸다

잔잔히 깊은 호수 봄 햇살 쏟아내고
싱그런 산그림자 깊숙이 숨어들어
물안개 피어올라서 하늘 까지 품는다.

■ 강진고을신문 추천작

내장산

추령*에 떠오르는 달 따는 월영봉과
농기구 빼다 박은 서래봉 타고 앉아
부처가 출현했다는 불출봉을 품었다

망해봉 올라서니 서해가 펼쳐지고
연지봉 발원한 물 동진강 흘러내려
찬란한 연듯빛 나래 물꽃 피워 올린다

신선봉 장군봉은 굴거리 군락지로
꽃구름 기슭 베고 해종일 물들어서
가을엔 오색 단풍잎 조선 팔경 펼친다

영은산 품에 안긴 대가람 고사찰로
호남의 오대명산 숲속에 터를 잡아
하늘에 꿈 날개 펼쳐 하얀 숨결 담는다.

*추령(秋嶺) : 내장산의 고개.

■ 강진고을신문 추천작

겨울 단상

하얀 꿈 돌돌말아 달콤한 미소 날려
소복이 쌓여가는 설렘의 발자국에
농익은 그리움 자락 파닥 파닥 거린다

바람의 노랫소리 귓볼을 건드리니
화롯불 올라앉은 고구마 한 입 물어
냉기로 시려온 심신 다독다독 얼랜다

쉬었다 헤적헤적 가버린 여윈 햇볕
허기진 세월 앞에 아쉬움 부려 놓고
홀연히 떠난 그 자리 묵은 향내 적신다

갈피에 접어 놓은 보고픔 휘감기니
바람벽 타고 흘러 외로움 토해내며
곰삭은 밤의 알갱이 깊은 단잠 깨운다.

■ 강진고을신문 추천작

새해 벽두

빛바랜 상흔 털어 새로이 여는 세상
물안개 말아 올려 묵은 때 씻어 내고
파란 꿈 영글은 노래 찬란하게 펼친다

산능선 걸터앉아 환하게 웃는 햇살
화사한 꿈길 따라 꽃구름 등에 업어
마음밭 쓸어 내리며 꺼억꺼억 삼킨다

옹이진 빗장 열어 게으름 날려보내
정갈히 헹궈내는 움트는 여유로움
속삭인 맘자락 위에 다짐 조각 꿰맨다

열망의 배낭 속에 살포시 구겨 넣고
간결한 소원 담아 동아줄 꽁꽁 묶어
온누리 치솟는 향내 오롯하게 품는다

마음 속 꿈틀거린 허상을 내려놓고
한 줄기 선율 따라 회색 담 열어젖혀
절여진 맘그릇 안에 야망 넣어 마신다.

■ 강진고을신문 추천작

바람

갓맑은 하늘위로 흰구름 몰고가며
홀연히 이곳 저곳 여행 길 떠다니니
필연코 떼어낼래야 떼어내지 못한다

크디큰 나목옆에 다가서 간질이니
그 온몸 흔들흔들 웃음 꽃 짓게 하고
해종일 따개비마냥 찰싹 붙어 뒹군다

빗물에 흠뻑 젖은 꽃송이 고개 떨궈
힘들어 옴짝달싹 못 할 때 얼래주니
빈 가슴 들쑤셔대는 눅눅함도 말린다

잔잔한 쪽빛 바다 수평선 넘실대니
윤슬로 파닥이는 수묵화 그려놓고
흩어져 부서진 파도 널따랗게 펼친다.

■ 강진고을신문 추천작

나목

헐벗은 나뭇가지 얼붙은 서리발에
시려온 냉기 속에 산새도 선잠 깨고
기러기 날갯짓따라 조각 조각 깨진다

우듬지 굴레 벗어 휘감은 시린 눈물
순백의 물안개에 실려온 가슴앓이
그리움 설설 버무려 돌돌 말아 올린다

계절의 한 모퉁이 설렘의 빗장 풀고
가녀린 아침 열어 속살을 드러내니
겨울비 촉촉이 내려 설렘 적셔 안은다

빛 잃은 햇볕마저 몰고 온 매지구름
거목에 발목 잡힌 세월이 주춤 주춤
굵어진 마디 마디에 여백 채워 달랜다

늘솔길 산그림자 살포시 내려앉아
세월이 잘디잘게 부서져 흘러내려
낭만의 가슴밭에서 묻어놓은 꿈 꾼다.

■ 강진고을신문 추천작

소나무

언제나 변치 않은 푸르름 가득 채워
그 의지 잃지 않고 꿋꿋이 지켜내며
고귀한
품격 세우며
굳은 절개 지킨다

등 굽은 나뭇가지 팔벌려 길게 뻗어
솔잎에 맺힌 이슬 영롱한 빛이되어
긴 시간
곰삭은 향내
돌돌 말아 뿜는다

솔방울 올망졸망 빼곡히 매달리며
한 많은 세월 앞에 휜 허리 잔 주름에
빛바랜
추억 한 장 씩
꺼내들고 서 있다.

■ 강진고을신문 추천작

무슬목 해변*

떠오른 아침햇살 갯내음 휘어 감아
켜켜이 쌓여있는 수많은 사연 품어
널다란 해변길 따라 해송숲을 밟는다

물위에 떠 있는 듯 두개의 작은 섬은
형제가 정다웁게 서로가 마주보며
강물에 몸을 담군 채 한가로이 서있다

매끈한 예쁜 돌로 이어진 몽돌밭에
잔주름 이어놓은 모래톱 그려넣어
부드런 모래밭 펼쳐 바닷물을 핥는다

휘어진 길을 따라 이어진 해안길은
육지와 연결시킨 돌산교 타고 넘어
돌산의 무시무시로 불러오던 곳으로

왜바람 휘몰아쳐 골보다 깊은 애환
묵언 속 가부좌로 꼿꼿한 결기세워
용장인 이순신 장군 전승지로 빛난다.

*무슬목해변:여수에 있는 이순신장군 승전지로 약 700m의 몽돌해변이다.

■ 강진고을신문 추천작

나의 달밤

색바랜 바람벽에 그리움 흘러내려
빛따라 걸쳐 놓은 부릅뜬 보고픔이
문 틈새
타고 들어와
뒷짐지고 서 있다

짙푸른 강물 위로 두둥실 떠다니다
다시금 되돌아 갈 그날을 합장하며
흰구름
머금은 쪽배
사랑찾아 헤맨다

자라나 풍만해진 보름달 힐끔거려
지친 길 앉혀 두고 파아란 꿈을 꾸며
수줍게
어두움 밝혀
설렘자락 흐른다.

■ 강진고을신문 추천작

문자 메시지

설레임 파닥파닥 날개에 매달고서
별인 양 다가와서 내 등을 토닥 토닥
가뭄에 단비 오듯이 감성 풀어 안긴다

다가선 부푼 기대 살갑게 연출하며
달라진 경계선에 가르는 한 끗 차이
흔드는 긴장의 시간 속삭이듯 전한다

글자들 올망졸망 빼곡히 드러누워
피할 수 없는 얘기 가슴에 심지 박혀
미동도 하지않은 채 옴짝달싹 않는다

한가득 품어 안은 하많은 궁금증에
침묵 속 담긴 사연 깊은 잠 깨워 놓고
후미진 길고 긴 시간 빗질하며 서 있다

예기치 못한 일들 한밤중 날아 들어
마음밭 똬리 틀어 오가지 못한 채로
되돌아 갈 수 없는 길 헤매이며 찾는다.

■ 강진고을신문 추천작

봄

겨우내 시달리다 두터운 시름벗어
꼭 다문 잎새마다 푸르름 날개 펼쳐
돌담길 휘감고 돌아 도란도란 거린다

봄바람 등에 밀려 올라온 이파리는
파랗게 감아 올려 계절을 물들이고
가슴팍 그리움 깨워 하늘하늘 춤춘다

햇살은 사랑 빚어 연둣빛 색칠한 채
설레임 꺼내 들고 사색에 잠기우니
빈 가슴 애틋한 노래 뜨락 아래 뒹군다

산자락 나목마다 푸른빛 솟아 나며
세월에 묻은 추억 말 없이 쓸어대다
마음밭 물컹한 사연 꽃잎 위에 포갠다

상큼한 봄내음이 코끝을 간질이니
찻잔에 턱을 괴고 침묵을 끌어 안아
구름에 옮겨 싣고서 시심 자락 읊는다.

■ 강진고을신문 추천작

달

외로운 늑대에게 빈 가슴 물어 뜯겨
밤새워 바라보며 부질없이 맴돌다가
한없이 가슴 조이며 그 님 찾아 헤맨다

가슴속 흩뿌려진 불면의 길고 긴 밤
져 버린 들꽃송이 하늘로 망명하면
하늘땅 사닥다리에 아슬아슬 얽힌다

보고픔 들썩거려 그대가 그리울 때
길 잃은 시간들을 초연히 날려보내
오늘도 달이 된 그대 옛날처럼 안긴다

맑은빛 물결무늬 지긋이 파닥거려
은하수 사이사이 수줍게 자리잡아
그 미소 깃발을 꽂고 설렘자락 날린다

어두운 밤하늘에 웃음꽃 심어 두고
그리움 삼켜가며 옛추억 곧추세워
저리도 고운 자태로 걸음걸음 빛난다.

■ 강진고을신문 추천작

창문

어두운 파편들이 가슴밭 그어대니
바람벽 허물어서 답답함 풀어헤쳐
어두움 환히 밝히며 묵상하며 열랜다

벽 넘어 황소바람 세차게 몰아쳐도
겹겹이 둘러쳐진 유리창 가로 막아
해종일 꼿꼿이 선 채 그 자리를 지킨다

따스한 햇살 내려 포근함 부려놓고
창틀에 올라앉아 새들도 쉬어가니
의자에 기대앉아서 찻잔 들어 마신다

뜨락의 푸르름은 계절을 말해주고
눈 앞에 펼쳐지는 설레임 곧추세워
허기진 마음 창고에 설렘자락 펼친다

미련도 내려 놓고 고단함 어루만져
지나날 추억 들이 얘기꽃 수런수런
오늘도 손을 맞잡아 오도카니 서있다.

■ 강진고을신문 추천작

나의 아내

마음 쓸 사연들이 넘치는 시간 앞에
오는 봄 기다리는 겨울 속 새싹인 양
몰아친 회오리 바람 이겨내며 견딘다

어떠한 힘든 일도 참아온 세월 속에
언제나 긴장하며 지나온 지난날들
오로지 가족을 위해 아낌없이 베푼다

높푸른 하늘가에 파란꿈 수를 놓아
어둠 속 빛을 내는 소중한 기대 하나
한평생 그린 기다림 갈피갈피 새긴다

멍들고 해진 상흔 싸매어 얼래가며
가슴팍 스며드는 아픔을 딛고 서서
끝없는 깊은 사랑은 행복의 방 만든다

말없이 부여잡은 열정의 끈을 잡아
살아온 흔적처럼 늘어난 주름살에
흘려온 땀방울들이 그 열매로 열린다.

■ 강진고을신문 추천작

대전의 별

하늘길 활짝 열어 시공간 넘나들며
어둔 밤 등대인 양 한밭*을 밝히우니
깨어난 천문대 찾아 신비 세상 찾는다

잔물결 은반 위에 맘자락 휘어 감아
설레임 불씨되어 사랑을 물들이니
타오른 열정의 빛살 전율되어 흐른다

절절한 눈빛 날려 푸른 꿈 엮어가며
어둠 속 걸어 나와 온누리 환히 비춰
억겁의 세월 보듬어 추억 가득 채운다

오늘도 따순 온기 허공에 걸어 두고
언제나 환한 얼굴 말갛게 미소 피워
묵묵히 그 자리 지켜 망울망울 쏟는다

얼룩진 마음밭에 살포시 내려 앉아
한밤의 시린 가슴 오롯히 감싸안아
순백의 따스한 손길 어루만져 얼랜다.

*한밭 : '대전'의 옛 이름.

■ 강진고을신문 추천작

여름밤

저녁놀 비낀 자리 밤하늘 바라보며
두둥실 떠다니는 뜬 마음 갈앉히고
여울목 거슬러 올라 희망의 새 날린다

하현달 기지개 켜 뜨락에 눈 비비니
설레는 가슴밭에 밑그림 그려놓고
여백에 새긴 그리움 갈피마다 아롱져

풀벌레 노랫가락 동심을 불러오고
저 멀리 들려오는 소쩍새 울음 소리
외로이 가슴 비집고 들어서는 그리움

온누리 물들이며 하늘문 열어가니
높푸른 하늘가에 추억의 조각 조각
흩어진 생각 기우니 별무리들 내려와

진득이 흘러내린 빛바랜 추억 속에
고단한 갈등들이 파도랑 너울대며
은하수 하나 하나에 삶의 애환 펼친다.

■ 강진고을신문 추천작

동네

먼 얘기 끌어안아 뒤척인 갈피마다
꿈 조각 활짝 펼친 사랑의 부스러기
젊은 날 파란 숨결로 되살아난 그 시절

긴 시간 오매불망 새겨진 흔적 찾아
내 안에 나를 찾아 목마름 적셔 놓고
아련한 세월의 조각 꺼내들고 반기니

반가운 얼굴들과 오가는 정담 나눠
즐거움 어우러져 흥건히 젖어 들어
이웃 간 따스한 온기 행복 속에 물든 곳

온누리 물들이며 하늘문 열어가니
높푸른 하늘가에 기억의 조각 조각
흩어진 생각 기우며 별무리들 내려와

추억이 숨죽이다 화들짝 깨어나서
만삭의 그리움이 하느작 걸어나와
빛바랜 이야기 찾아 한장한장 펼치니

달콤한 우정 빚어 웃음 꽃 활짝 펼쳐
가슴속 파고 들어 알알이 쟁여 두고
정답게 부둥켜 안아 뜨거운 정 나눈 곳.

■ 강진고을신문 추천작

충무공 김시민 장군

이 시대 산맥들이 힘없이 무너지니
해와 달 지켜내는 올곧은 정의로움
속 깊은 마음밭에서 웅어리져 울린다

구국의 일념으로 속울음 참아내고
온 몸에 날개 달아 청춘을 불사르며
그대의 찬연한 기상 온누리를 감싼다

이 나라 한반도의 외로운 등대지기
꿋꿋이 세운 어깨 어둠을 풀어헤쳐
불빛은 꺼지지 않고 한산도를 밝힌다

꺾이고 망가져도 또 다시 일어서서
버텨 온 두께만큼 아픔을 움켜쥔 채
살아온 삶의 고리에 애국혼을 꿰맨다

충신의 곧은 절개 깨달음 심어 놓고
가늘게 휘는 바람 하늘빛 끌어 안아
흩어진 충심을 기워 업보인 양 지킨다.

■ 강진고을신문 추천작

충무공을 기리며

천 갈래 만 갈래로 솟구친 애국지심
충성심 끓어올린 함성은 우렁차고
결기의 나래를 펴고 훨훨날아 살핀다

수 많은 세월 속에 다져온 굳은 맹세
열정의 혼을 넣은 평화의 길을 택해
당신은 죽어서라도 조국 품에 안긴다

장대한 꿈을 펼쳐 깊은 뜻 아로새겨
바람 폭 휘날리는 강섶에 길게 누워
절절한 우국의 혼불 온누리를 밝힌다

모든것 불태워서 꽃 피운 구국일념
우리들 가슴속에 영원히 살아 남아
천상의 옥구슬 소리 온누리에 퍼진다

몸바쳐 남긴 말은 간절한 호국정신
영원히 지지 않는 천년의 꽃이되어
그대는 오직 한가지 나라 위해 잠든다.

■ 강진고을신문 추천작

이순신 장군

뼛속을 파고드는 한 맺힌 응어리들
그 외침 눈물되어 한산도 물들이며
더 밝은 세상 향하여 찬란하게 펼친다

등굽은 세상만사 바다에 묻어 놓고
장수의 곧은 마음 창끝에 매달리니
그 외침 하늘에 닿아 무지갯빛 피운다

귓볼을 간지르는 절절한 일필휘지
푸른 산 능선따라 깊은 뜻 새겨 두니
지금도 낭낭한 소리 메아리쳐 들린다

끝없이 밀려오는 한 많은 그 사연들
가슴을 태운 불꽃 하늘로 치솟으니
타오른 순수의 열정 횃불처럼 밝힌다

청고한 우국지심 꿋꿋이 지켜내니
삭풍에 시달리며 천년이 흘러가도
당신의 절의의 정신 길이길이 빛난다.

■ 강진고을신문 추천작

도산 안창호

정의의 굳은 살로 인격을 담아내며
자아의 혁신으로 애국의 등불 되어
우렁찬 기지개 켠 채 흥사단체 만든다

캄캄한 밤하늘에 이국땅 방황하며
한국의 민족주의 일깨운 점진학교
구국의 대한인 협회 설립하여 싸운다

교포들 일깨우는 신문을 발간하여
한 서린 우국충정 뚜렷이 심어 놓고
그 울분 세계만방에 지면 통해 알린다

분노의 횃불 들고 청춘을 불사르며
출판과 교육 통해 애국심 불러 모아
그 어떤 비바람 앞에 지지 않고 서 있다

머나 먼 북만주 땅 영농과 군사훈련
동포들 똘똘뭉쳐 충성심 길러내며
찬란한 태양의 빛살 잔잔하게 퍼진다

결실을 맺지 못한 상해의 임시정부
이 한 몸 목숨바쳐 외치는 대공주의
영원이 살아 숨쉬는 찬란한 별 빛난다.

■ 강진고을신문 추천작

가을

물들인 단풍잎에 붉은 정 띄워 놓고
감성의 울림들이 설레임 꺼내드니
한 많은 세월 더듬어 외로움만 뒹군다

꼭 다문 잎새마다 애틋함 품고 앉아
마음 밭 묻은 사연 절절이 토해내고
지난날 그리워하며 오도카니 서 있다

계절의 한 모퉁이 사색을 물들이며
가늘게 휘는 바람 외로움 끌어당겨
허전한 마음 한켠에 연민 가득 채운다

휘감긴 침묵 딛고 추억을 틀어쥐면
긴 시간 오매불망 보고픔 사무쳐서
먹먹한 시간 보듬어 피어나는 그리움.

■ 강진고을신문 추천작

영롱한 눈

해종일 열정 펼쳐 올곧게 곧추세워
절절한 삶의 편린 올올이 엮어 가며
깨끗한 세상 보듬어 행복 찾아 헤맨다

저리도 맑은 눈빛 수줍게 피어 올려
그리움 품고 앉아 농익은 사랑으로
오늘도 달달한 연서 추억 한줌 쌓는다

동그란 눈망울로 우정을 쳐다보며
화려한 꿈속에서 그려논 그림 한 폭
긴 시간 상큼한 숨결 신비로이 꿰맨다

진풍경 사로잡고 화사한 꿈길 따라
말갛게 피어나는 설렘의 순백 웃음
부풀은 마음 한켠에 가득 채워 넣는다

가늘게 휘는 바람 꽃구름 끌어안아
움트는 추억 더미 가슴속 심어 놓고
함께한 꿈 많은 세월 환한 미소 피운다

홍건히 적셔 가는 보드란 미소 날려
웅크린 침묵 속에 샘솟듯 솟아 나서
타오른 순수의 감성 쉬임 없이 휘돈다.

■ 강진고을신문 추천작

성산 일출봉*

알몸의 정사처럼 파편의 열정 채워
읽어낸 삶의 무게 깊숙이 펼쳐 놓고
바다 속 강렬한 포옹 오래도록 머문다

늘푸른 이불 덮인 천혜의 비경들로
억겁의 세월 동안 그 기게 변함 없고
온누리 치솟는 향기 오롯하게 풍긴다

절절한 삶의 편린 올올이 엮어 가며
말갛게 피어나는 설렘의 순백 웃음
부풀은 마음 한켠에 가득 채워 넣는다

저리도 맑은 눈빛 수줍게 피어 올려
농익은 사랑으로 환하게 웃는 얼굴
오늘도 달달한 연서 사랑 한줌 안긴다

움트는 추억 더미 가슴속 심어 놓고
흥건히 적셔 가는 보드란 미소 날려
세월의 나이테 엮어 쌓아 올린 걸작품.

*성산 일출봉 : 해발 180m의 5천 년전 수중폭발한 화산체로 성채 같은 모양, 사발 모양 분화구, 장관의 일출봉.

■ 강진고을신문 추천작

송악산*

화사한 꿈길 따라 진풍경 펼쳐 놓고
지나는 바람 불러 오가는 얘기 하며
뒹구는 꽃잎 붙잡고 흥얼흥얼 거린다

널따란 방석 깔아 쉴 자리 펼쳐 놓고
산새들 모여 앉아 해종일 수다 떠니
한 많은 세월 보듬어 외로움을 달랜다

빼곡히 쌓아 올린 시간의 더께 위에
산능선 걸터 앉아 환하게 웃는 햇살
마음밭 쓸어 내리며 꺼억꺼억 삼킨다

억겁의 세월동안 한 자리 지켜 내며
하이얀 물안개 꽃 휘감고 돌고 돌아
골 깊은 한숨 덧씌워 음표 되어 흐른다

하늘을 올려 보며 꿈꾸는 낮은 자세
구름이 허물 벗은 빈 자리 우뚝 서서
긴 시간 상큼한 숨결 신비로이 펼친다.

*송악산 : 높이 104m, 둘레 3,115m의 서귀포에 있는 산. 단성화산으로 꼭대기에 2중 분화구가 있다.

■ 강진고을신문 추천작

서귀포 비경

가늘게 휘는 바람 해조음 불러 모아
해종일 열정 품어 갯내음 입에 물고
늘어선 용머리 해안 억겁 세월 지킨다

주름진 벼랑 위에 숨소리 멈춰선 채
하늘 땅 경계마저 허물은 정방폭포
날렵한 날갯짓으로 꿈결 위로 날은다

묵언의 행간 속에 꼿꼿이 절경 펼쳐
검푸른 바닷가에 우뚝선 고운 자태
기묘한 주상절리로 대포해안 빛낸다

구름은 춤을 추며 정상을 에워싸고
일출봉 걸터앉아 환하게 웃는 햇살
바다와 사연 나누며 뜨거운 정 나눈다

향긋한 꽃 내음에 흥건히 젖어들어
푸르름 대롱거린 한라산 국립공원
정겹게 피어낸 미소 어서오라 반긴다

푸른숲 등에 업힌 송악산 능선 자락
짙어진 산허리에 활짝 핀 꽃잎 기워
온누리 치솟는 생기 싱그럽게 휘돈다.

■ 강진고을신문 추천작

가을 하늘

흰 속살 드러낸 채 떠도는 솜털구름
하이얀 날개 달고 춤추듯 피어 올라
미소가 보일 듯 말 듯 아스라이 떠돈다

엷어진 가을 햇살 드높은 하늘 쪼아
먹먹한 시간까지 보듬어 익어 가고
뭉근히 피어나는 정 손짓하며 반긴다

쪽빛 띤 바다인 양 잔잔한 윤슬 위에
설레임 첨벙첨벙 샘솟듯 솟아나니
낮달도 활짝 웃으며 쉬엄쉬엄 떠돈다

널따란 가슴 열어 추억을 건드리니
사색의 마음자락 허공에 걸어 두고
가슴벽 뚫고 들어와 흥건하게 젖는다.

■ 강진고을신문 추천작

이웃

외로움 숨죽이다 화들짝 깨어나서
만삭의 즐거움이 하느작 걸어나와
빛바랜 이야기 찾아 한장한장 펼치며

꿈 조각 활짝 열린 사랑의 부스러기
온누리 물들이며 하늘문 열어가니
흩어진 생각 기우며 꺼내들고 반긴 집

달콤한 우정 빚어 웃음 꽃 말아 올려
가슴속 파고 들어 알알이 쟁여 두고
정답게 부둥켜 안아 뜨거운 정 나누며

새로운 얼굴들과 오가는 정담 속에
추억이 어우러져 흥건히 젖어 들어
이웃 간 따스한 온기 행복 속에 물든 집.

■ 강진고을신문 추천작

노래

살아온 세월 만큼 애절한 얘기 담아
목울대 치켜들고 허공에 날린 사연
진득이 흐르는 감성 세상 속에 날린다

꿈결로 더듬으며 살아온 무늬 엮어
가슴을 녹여내는 물들인 마음 한쪽
저리도 맑은 박자로 하모니를 이룬다

속 깊은 생각들이 꽃처럼 피어 올라
흩어진 낱말 기워 음표로 뜻을 살려
응집된 목소리 채워 삶의 애환 적신다

한 글자 두 글자를 음률로 덧씌우고
인생사 씨줄 삼아 천만사 엮어내며
아무리 힘이 들어도 무지개 꿈 펼친다

꽃 지고 달도 지고 한 세상 굽진 삶을
드높은 태산처럼 푸념을 쌓아 올려
지난 날 절절함 새겨 추억 찾아 부른다.

■ 강진고을신문 추천작

한글

심오한 음을 불러 낱낱의 생명 기워
낱말로 씨줄 삼아 천만사 엮어내며
태극의 찬연한 기상 세계 속에 펼친 글

윗 입술 아랫 입술 닿을 듯 앙다물고
연리지 사랑인 양 자음과 모음 이어
옹골찬 순수의 글로 청실홍실 엮는 글

아프고 시린 가슴 골고루 녹아내려
들뜨고 설렌 마음 시어로 그려내니
찬란한 새 세기의 꽃 아름답게 피운 글

흩어진 소리 찾아 단단히 엮은 노래
천리 밖 떨어져도 진득이 흘러내려
기존의 틀을 넘어서 세상 속에 알린 글

뜻 글로 각인시켜 층층히 쌓아 놓고
세계 속 맨 윗자리 차지해 우뚝 서니
미문의 공간 안에서 미완의 꿈 이룬 글.

■ 강진고을신문 추천작

바람개비

영혼의 속살까지 촘촘히 파고들어
긴 시간 오매불망 보고픔 사무치니
꿈에도 그리는 내 님 언제쯤에 오실까

혼자는 살 수 없는 두려운 운명 앞에
함께한 세월만큼 깊은 정 새겨둔 채
살포시 껴안은 자리 어루만져 달랜다

이제는 그대 없이 한 발도 뗄 수 없어
하 많은 그리움에 애타게 찾는 그대
온종일 설레임 안아 서성거려 헤맨다

가녀린 떨림으로 만남의 이 촉수들
켜켜이 달아올라 살가운 맘길 따라
끈끈한 인연의 향기 갈피갈피 새긴다

뜨거운 열정 품고 피워낸 사랑 불씨
신나는 추임새로 흥겹게 춤을 추며
쉼 없이 엮어낸 사랑 환호결에 감긴다.

■ 강진고을신문 추천작

나의 첫 인연

켜켜이 쌓여 있는 기억의 저울추에
매몰된 추억 더미 꼼꼼히 채굴하여
곰삭은 마음밭 위에 무늬 옷을 펼친다

타오른 용암처럼 한없이 꿈틀꿈틀
꿈마저 따라오는 이야기 풀어내며
다시금 환생을 하여 세월 얘기 읊으리

허공에 걸어놓은 들뜬 맘 갈앉히고
창공에 꿈을 풀어 만삭이 되기까지
설레는 가슴속 뜰에 곱디곱게 새긴다

저녁놀 비낀 자리 스며든 저 외로움
선잠 깬 사연들이 보고픔 주체 못해
올라탄 바람의 목마 하늘길에 오른다

설레임 한 소쿠리 가슴에 쌓아둔 채
속 깊이 묻어 놓은 그리움 열병 앓아
끝없이 활화산 되어 타오르는 사랑아.

■ 강진고을신문 추천작

나의 엄마

한파에 몸살 앓던 그 이름 어머니로
수많은 사연 보듬어 꿋꿋이 참아내며
오로지 자식들 위해 가쁜 숨결 토했지

무언의 헌신 예술 끝없이 연출하며
사랑에 빠져버린 가냘픈 당신 모습
속깊이 묻어둔 상흔 백년의 한 읊는다

긴 세월 쉬지 않고 걸어온 발자국들
어느덧 바라보니 겨울뜰로 들어선 듯
해넘이 품속에 안겨 시린 가슴 달랜다

한시도 멈춤 없이 깊숙이 뿌리내려
말로는 다 못하는 휘돌아 가는 세월
단내 난 하루하루가 굳은살로 박힌다

한풍을 견디어낸 꽃망울 애처롭고
지나간 젊은 시절 불러도 대답 없어
여지껏 잊고 살아온 가슴속만 아리다.

■ 강진고을신문 추천작

할머니

눈 쌓인 초가지붕 고드름 줄서 있고
문풍지 울어대는 구멍난 창호지 문
북풍은 발꿈치 들어 알몸으로 덤빈다

땡땡 언 손주들 손 가슴에 집어 넣어
품속에 끌어 안아 사르르 녹여 주고
엉덩이 다독거리며 깊은 사랑 깁는다

왼손에 고치 들고 오른손 물레 돌려
가락에 돌돌 감아 꼬아서 실 만들고
긴 한숨 말아 올리며 하루해를 달랜다

옥양목 저고리에 까만 천 기워 입고
밤새워 똑딱똑딱 잠 깨운 다듬이질
빈 가슴 일렁거리며 푸른 꿈을 읊는다

노숙한 저 눈썹달 눈꼽도 안 뗀 새벽
정한수 떠다 놓고 합장해 소원 빌며
팽팽한 외줄 위에서 뜬눈으로 지샌다.

■ 강진고을신문 추천작

나의 아버지 · 1

깨어난 새벽녘 별 신발끈 졸라매고
늘어진 어깨쭉지 달빛에 기대선 채
시작된 고단한 하루 눈물샘을 막는다

절망의 순간마다 푸른 꿈 날개 펼쳐
굳건한 다짐으로 밑그림 그려 놓고
젊음의 활기찬 화음 가족 위해 읊는다

허공에 세운 집이 힘없이 무너져도
어둠을 일궈 가며 또 다시 바로 세워
초연히 걸어온 시간 향기 실로 꿰맨다

이어진 가난 속에 땀내음 찌든 세월
휘어진 등줄기에 애환이 문신 되어
풍상에 구겨진 주름 덕지덕지 붙는다

읽어낸 삶의 무게 산처럼 쌓여 가도
가슴에 묻어둔 채 묵언 속 삭히우며
노을녘 동산에 앉아 무거운 짐 벗는다.

■ 강진고을신문 추천작

고향 생각 · 2

청보리 물들이는 따스한 들녘에서
봄 캐는 엄마 손에 웃음꽃 거머쥐고
아버지 쟁기질 소리 풍년가를 싣는다

굴뚝의 뽀얀 연기 어둠 속 적셔오니
까만 밤 지켜주는 등잔불 졸고 있는
가슴속 간직하여둔 아름다운 동심아

어릴 적 노래들은 꿈인 듯 지나가고
그 시절 지나온 길 삶터의 보물 되어
마음밭 켜켜이 쌓여 추억 되어 서 있다

철따라 여기저기 남겨진 발자국들
똬리 튼 사연들이 누렇게 익어 가니
노을에 턱 괴고 앉아 부모 사랑 새긴다.

제5부

물레방아 연정

■ 강진고을신문 추천작

귀족호두*

달궈진 열정으로 겹겹이 깔고 누워
치유의 기운 품운 신비의 날개 펼쳐
곰삭은 만삭의 진통 어루만져 달랜다

티 없이 맑고 고운 사랑의 온기 채워
해종일 알몸으로 뜨겁게 포옹하며
무시로 파고든 전율 온몸 깊이 즐긴다

또렷한 지문들이 꼿꼿이 깃을 세워
영혼의 몸짓 날려 노곤함 풀어주며
달달한 미소 매달아 동반자로 뒹군다

휘어진 고개 넘어 세월에 패인 자국
고랑진 빈 여백에 즐거움 휘어 감아
떠돌던 마음의 부표 여울목을 건넌다

음률의 합창처럼 깊은 정 띄워놓고
저리도 오매불망 살아온 지난 시절
긴 세월 앉으나서나 한몸 되어 서 있다.

*귀족호두(胡桃) : 호도는 호두의 본말로, 전남 장흥군에 "귀족호두 박물관"이 있다.

■ 강진고을신문 추천작

백련사 동백숲*

눈꽃 진 잎새 위에 봉긋이 입술 열어
해말간 미소 피워 불그레 물들이고
타오른 순수의 열정 등불인 양 밝힌다

긴 소매 걷어올려 향내음 뿜어내니
동박새 부산떨며 꽃송이 더듬 더듬
정답게 부둥켜안고 뜨거운 정 나눈다

갯내음 깔고 누운 늘푸른 이파리들
긴 세월 똬리틀어 수줍게 말아 올려
어여삐 절여진 속살 다소곳이 열린다

푸르름 널리 널리 펼쳐진 자드락길
티 없이 순한 눈빛 오가는 발길 잡아
반가이 손사래 치며 어서 오라 반긴다

비린내 물씬나는 갯바람 포개 얹어
떨어져 나뒹구는 통꽃의 몸부림도
하나된 느낌 한 다발 끌어안고 외친다.

* 백련사 동백숲 : 전라남도 강진군 도암면 "백련사"에 있는 천연기념물.

■ 강진고을신문 추천작

검정 고무신

별 무리 떠다니면 말 못할 그리움이
한줄기 바람인 양 남겨진 온기 찾아
나 홀로 훔치는 눈물 긴긴 밤을 지샌다

서서히 다가서는 보고픈 편린들이
가슴에 끓어 오른 내 안의 나를 불러
눈가의 이슬을 털고 따순 햇살 그린다

환하게 떠오르는 아침을 기다린 채
우아한 모습 담아 그려낸 일필휘지
새벽은 멀기만 하니 달빛 품에 안긴다

가슴 벽 타고 내린 꿈꾸는 동상이몽
마음 속 화선지에 먹물이 번지는 듯
휘감긴 안개에 갇혀 옴짝달싹 못한다

외로움 가득 채운 토방*에 똬리 틀어
말 못할 침묵 안고 하나의 꿈을 향해
오로지 그대를 위해 기다리는 사랑아.

*토방 : 방에 들어가는 문 앞에 좀 높이 편평하게 다진 흙바닥으로 신발 놓는 곳.

■ 강진고을신문 추천작

나의 아버지 · 2

화덕의 불꽃처럼 힘차게 피어 올라
영혼을 불어 넣은 푸른꿈 날개 달고
환희의 나랫짓으로 창공 향해 날은다

하많은 사연 앞에 긴 소매 걷어 올려
열정의 조각들로 촘촘이 엮어 내며
굽이진 격정의 세월 여울목을 건넌다

옹이진 생의 질곡 꿋꿋이 일어서서
매섭고 시린 한파 묵묵히 참아내며
허기진 속울음 삼켜 쉬지 않고 달린다

살아온 흔적 들이 줄줄이 따라나서
쉼없이 바둥대는 추억의 파편들이
지내온 시간의 무게 저울추에 매단다

엷어진 햇살 한줌 노을에 걸려 있고
긴 한숨 얹어 놓은 박재된 삶의 애환
어느새 겨울 문턱에 다가선 채 서 있다

간절한 두께만큼 오롯이 채운 사랑
일궈 논 마음밭에 풍성한 열매 열려
연둣빛 길고 긴 행렬 행복의 길 걷는다.

■ 강진고을신문 추천작

소통의 벽을 넘어

가슴 속 꿈틀거린 허상을 내려놓고
한 줄기 선율 따라 회색 담 열어젖혀
절여진 맘그릇 안에 애정 넣어 나눈다

옹이진 빗장 열어 답답함 날려보내
정갈히 헹궈내는 움트는 여유로움
속삭인 맘자락 위에 사랑 조각 꿰맨다

뜨거운 감성 위로 간결한 얘기 담아
열망의 배낭 속에 살포시 구겨 넣어
정겹게 피어낸 미소 오롯하게 품는다

시간의 경계 허문 탁 트인 마음밭에
경직된 언어 풀어 하늘문 바라보며
청순한 소망꽃으로 영롱하게 피운다

빛바랜 상흔 털어 새로이 여는 세상
깊은 정 말아 올려 묵은 때 씻어 내며
파란 꿈 영글은 노래 찬란하게 펼친다.

■ 강진고을신문 추천작

소통의 벽을 헐다

웃음 띤 저울추에 눈금을 멈춰 세워
만삭의 문장으로 꼼꼼히 펼쳐내며
비움의 생명줄 되어 뜨거운 정 나눈다

간절함 말아올려 얘기꽃 피워 올려
보타진 마음밭에 잔잔한 울림으로
연둣빛 미소가 번져 향기 실로 꿰맨다

가슴 속 스며드는 따순 정 딛고 올라
멍들어 해진 상흔 싸매고 달래주니
끝없는 깊은 사랑은 행복의 방 만든다

마음 쓸 사연들이 넘치는 시간 앞에
오는 봄 기다리는 겨울 속 새싹인 양
지나온 삶의 고리에 애뜻함을 얹는다

어떠한 힘든 일도 참아온 세월 속에
언제나 긴장하며 지내 온 지난날들
그동안 그린 기다림 아낌없이 베푼다.

■ 강진고을신문 추천작

벽 허문 이웃

달콤한 얘기 빚어 웃음꽃 말아 올려
만삭의 즐거움이 하느작 걸어나와
정답게 부둥켜 안아 뜨거운 정 나누며

새로운 얼굴들과 오가는 정담 속에
미소가 어우러져 흥건히 젖어 들어
이웃 간 따스한 온기 행복 속에 물든 집

외로움 숨죽이다 화들짝 깨어나서
가슴속 파고 들어 알알이 쟁여둔 채
은은한 보랏빛 향기 마음 밭을 흔들며

꿈 조각 활짝 열린 사랑의 부스러기
절절한 삶의 편린 올올이 엮어 내며
흩어진 생각 기우며 꺼내들고 반긴 집

겹겹이 둘러쳐진 답답함 풀어헤쳐
환하게 웃는 얼굴 빈 가슴 다독다독
어두움 환히 밝히며 묵상하며 달래며

쉼없이 바둥대는 긴 울림 휘감은 채
그 안에 깃든 애정 외로움 닦아내며
환상의 여린 꿈으로 다가서서 웃는 집.

■ 강진고을신문 추천작

문열공 이조년*

보타진 가슴밭에 애국혼 가득 채워
담아낸 연군*의 정 붓끝에 풀어내니
애틋한 마음의 소리 구구절절 흐른다

청정한 마음밭에 충절을 펼쳐놓고
그 기개 활짝 열어 키워간 낱낱의 꿈
세상 속 대문장가로 길이길이 빛난다

천 갈래 만 갈래로 솟구친 애국지심
평생을 나라 걱정 충성심 끌어올려
올곧게 결기의 나래 훨훨 날아 살핀다

한 맺힌 응어리들 뼛속에 파고드니
청고한 선비 충절 혼불로 타오를 땐
밤새워 속울음 삼켜 무지개 꿈 펼친다

각이 진 세상살이 사납게 몰아쳐도
어둠 속 빛을 내는 소중한 기대 하나
한사코 깨끗한 정치 밝은 세상 꿈꾼다.

*이조년 : 고려 때 문신으로 청백리로 이름난 충신.
*연군(戀君) : 임금을 그리워 함.

■ 강진고을신문 추천작

이조년 선생

선비의 곧은 마음 붓끝에 매달리니
쉼 없이 써내려 간 정의의 일필휘지
타오른 구국의 일념 온누리에 퍼진다

밝은 꿈 푸른 진실 어두움 밝히우며
속울음 끌어안고 뜨거운 울부짖음
순백의 절절한 고백 하늘 끝에 펼친다

움트는 사연 속에 충절의 나래 달아
햇살에 현을 켜서 향기로 선율 새겨
품 너른 마음 하나로 쫀득쫀득 익힌다

끝없이 밀려오는 한 많은 저 사연들
등굽은 세상만사 나무에 걸어 두고
보다 더 해맑은 인생 우아하게 펼친다

삭풍에 시달려도 꿋꿋이 지켜내며
구국의 일념으로 수천년 흘러가도
믿음을 끌어안은 채 밝은 세상 일군다.

■ 강진고을신문 추천작

통일

사슬에 꽁꽁 묶여 눈귀 먼 북녘 동포
매서운 바람 앞에 피눈물 범벅되어
긴 시간 아물지 않아 덧난 상흔 시리다

먹구름 휘어감긴 동토의 하늘 아래
옭아맨 늪에 빠진 세월의 하향 곡선
운명의 따스한 미소 외면한 채 서 있다

수많은 재앙들로 점철된 붉은 세상
대화의 팔베개로 꾸게 된 평화의 꿈
시들은 죽음의 불씨 다시 찾아 덮는다

절절한 가슴밭에 못다 핀 꽃 한 송이
경계의 저울추에 켜놓은 자유의 불
어두운 적막 뚫고서 고즈넉이 글 쓴다

한겨울 움츠렸던 긴 동면 깨어 나와
훈풍이 불어오는 봄길의 길섶 위에
감동의 삼천리 강산 무궁화꽃 피운다.

■ 강진고을신문 추천작

전쟁

저리도 높은 장벽 한반도 가로질러
경계에 부려놓은 수없는 수런거림
끝없는 분노와 울분 돌돌 말아 걸친다

격동의 도마 위에 칼집 낸 아픈 세월
사위는 노을빛에 처절함 포개 놓고
깊어진 통곡의 갈피 한 장 한 장 펼친다

할퀴는 날선 발톱 하늘땅 똬리 틀어
결마다 얽힌 사슬 끝없이 조여오고
한 많은 휴전선 너머 동토의 땅 서 있다

천 갈래 만 갈래로 찢겨진 가슴팍에
먹구름 풀어헤쳐 틀어 쥔 편린들이
얼룩진 상흔 찌꺼기 감싸 안고 잠긴다

북풍이 삼켜 버린 찬란한 아침나절
보타진 마음밭에 속울음 끌어안고
시리게 읽어 간 사연 하늘가에 떠돈다.

■ 강진고을신문 추천작

치유 · 1

심연에 누워 있는 수심의 페이지에
짓눌린 무게 털고 부르튼 아픔 참아
비움의 언덕에 올라 덧난 상흔 날린다

영혼의 속살까지 알알이 맺힌 사연
엎드린 빗장 풀어 후미진 생각 지워
마음밭 엎질러 놓은 슬픈 기억 삭인다

겹겹이 닫아 버린 어두움 풀어헤쳐
모질게 박힌 회한 살포시 어루만져
때묻은 영혼 흔들어 헹궈내며 달랜다

가녀린 어깨 위로 똬리는 응어리들
물들인 자리마다 깊어진 상처 깁고
곰삭은 고통의 시간 한 움큼씩 버린다

사슬에 얼키설킨 멍울진 한을 풀어
냉가슴 다독 다독 봉긋이 꽃을 피워
굴곡진 버거움 털어 묵은 때를 벗긴다.

■ 강진고을신문 추천작

치유 · 2

닳아진 뒷축처럼 흩어진 마음밭에
덧씌워 틀어 올린 움트는 맑은 영혼
절망 끝 골짜기에서 희망의 빛 찾는다

아픔의 순간마다 순백의 웃음 날려
다독인 저울추에 눈금을 멈춰세워
새로운 이름 하나로 출구찾아 나선다

기억과 망각 사이 가슴을 활짝 열고
한없이 짓눌리는 농익은 사연 찾아
살포시 껴안은 자리 어루만져 달랜다

궤도를 벗어나는 힘겨운 삶의 궤적
흩어진 중심 세워 읽어낸 상흔 벗고
지나간 세월 보듬어 자울자울 잠든다

가파른 정상 너머 찬란한 무지개빛
잔잔한 미소 뒤에 갈앉힌 허기 채워
환희의 찬가 부르며 여유로움 얻는다.

■ 강진고을신문 추천작

충효

위기의 파도 넘는 바다의 태왁*처럼
충신의 우국지심 꿋꿋이 지켜내고
끝없이 정염 태우며 절의정신 펼친다

거칠게 몰아치는 폭풍우 이겨내며
휘감아 긴뜨기 듯 애국의 길을 찾아
그 아픔 참고 견뎌내 나라위해 걷는다

모든 것 불사르는 구국의 화신 되어
박제된 마음밭에 어둠을 밝히우고
가슴속 홍건히 적셔 꿋꿋하게 지킨다

동면의 침묵에서 힘차게 기지개 켜
듬직한 저항으로 당당히 버텨내며
수많은 격정의 색깔 말끔하게 지운다

올 곧은 삶의 덕목 천년이 흘러가도
영혼의 속살까지 깊숙이 파고들어
가슴 속 박음질하여 고고하게 서있다.

* 태왁 : 해녀가 물질을 할 때, 가슴에 받쳐 몸이 뜨게 하는 공 모양의 기구.

지겟작대기* 연정

고운 정 틀어 올려 뜨겁게 포옹하며
다정한 눈길 날려 푸른 꿈 입에 물고
영원한 연리지 되어 삶의 향기 안는다

지나온 세월 곳곳 지팡이 되어 주고
한마디 불평 없이 짐짝을 나눠 지며
앞으로 고꾸라질 때 온몸 던져 막는다

너와 나 하나되어 오롯이 꿈길 찾아
꼿꼿이 허리 편 채 찾아낸 지혜의 문
지치고 처져 있을 때 다독 다독 달랜다

엮어진 인연의 줄 웃음꽃 피워 물고
비바람 몰아쳐도 견뎌낸 세월 더께
한평생 다리가 되어 어깨동무 걷는다

서로를 의지하며 살아온 믿음 하나
당당히 중심 잡아 올곧게 지켜 주며
힘들 때 떠받쳐 주는 선물 같은 내 사랑.

*지겟작대기 : 지게를 버티어 세우는 작대기.

■ 강진고을신문 추천작

물레방아 연정

꽂히는 불꽃처럼 입맞춤 퍼부으며
천상의 계단 따라 펼치는 환희의 꿈
영혼의 잉걸불 속에 온몸 던져 찧는다

한시도 그대 없이 나홀로 살 수 없어
모든 것 송두리째 쏟아낸 삶의 행보
마음결 박음질하며 쉬지 않고 달린다

운명의 손금 위에 감동의 음계 새겨
세상에 하나뿐인 변주곡 읊어가며
속도를 잃지않은 채 한결같이 흐른다

상생의 촉수들이 흩어진 생각까지
함께한 여행길에 동행한 생의 흐름
순백의 고귀한 인연 가슴 가득 머문다

산산이 깨어지는 그 이름 불러 모아
찾아낸 전생 인연 서로를 마주보며
쏟아낸 생명의 숨결 돌고 도는 내 사랑.

■ 강진고을신문 추천작

효심

파도의 지문처럼 굴곡진 삶의 무늬
삭이고 지탱해 온 만삭의 진통 핥아
마음속 영혼을 품어 뿌리 깊게 내린다

살아온 자리마다 오르락 또 오르락
잔잔히 밀려드는 묵시의 저 순간들
순백의 눈부처 되어 보석처럼 빛난다

하늘빛 악보 삼아 구름에 시를 쓰며
화음에 장단 맞춰 임 노래 맘껏 불러
읊조려 전하는 얘기 고이 고이 새긴다

상상 속 배회하다 화들짝 깨어나서
숲그늘 펼쳐 놓고 찾아든 오아시스
티 없이 따스한 사랑 깊디깊게 나눈다

지새운 불면의 밤 피워낸 무지개 꿈
마음밭 지주들을 꼿꼿이 세워놓고
가슴속 큰 길 찾아서 지혜의 꽃 피운다.

■ 강진고을신문 추천작

금강사*

의지의 우국지심 꿋꿋이 지켜내며
시공간 훌쩍 넘어 수백년 흘러가도
그대는 오직 한 가지 나라 위해 잠든다

오로지 백성 행복 다짐한 일편단심
억겁의 세월 속에 오롯이 살아남아
영원히 잊을 수 없는 숭고한 뜻 세운다

수많은 풍파에도 굴하지 아니하며
푸른빛 청룡 되어 일궈낸 찬란한 빛
옹이진 사연 보듬어 애국 정신 키운다

한많은 사금파리 바다에 묻어놓고
당당한 절의정신 혼불로 피어 올라
타오른 구국의 불꽃 온누리에 펼친다

넘나든 삶의 질곡 낱낱이 생명 기워
누더기 문장으로 못다 한 글을 쓰며
오늘도 아픔 줄무늬 만장 펼쳐 날린다.

* 금강사(錦江祠) : 충무공과 현무공 김억추를 배향한 사당으로, 강진 출신 김억추는 무과에 급제, 명량대첩에서 활약했다. 이순신을 주벽으로 김억추를 배향하였다.

■ 강진고을신문 추천작

김억추 장군*

위기의 파도 넘는 바다의 태왁처럼
충신의 우국지심 꿋꿋이 지켜내고
끝없이 정염 태우며 절의정신 펼친다

거칠게 몰아치는 폭풍우 이겨내며
휘감아 긴뜨기 듯 애국의 길을 찾아
그 아픔 참고 견뎌내 나라위해 걷는다

모든 것 불사르는 구국의 화신 되어
박제된 마음밭에 어둠을 밝히우고
가슴속 홍건히 적셔 꿋꿋하게 지킨다

동면의 침묵에서 힘차게 기지개 켜
듬직한 저항으로 당당히 버텨내며
수많은 격정의 색깔 말끔하게 지운다

올곧은 삶의 덕목 천년이 흘러가도
영혼의 속살까지 깊숙이 파고들어
가슴 속 박음질하여 고고하게 서있다.

* 김억추 장군 : 1548년 전라도 강진현 출생, 알성시 무과 을과로 급제, 무이 만호로 북변에서 전공을 세움, 제주 판관·사복시 판관, 진산·순창·초산 현감, 명량해전에서 이순신을 따라 대승을 거두었다.

■ 강진고을신문 추천작

두바퀴 연정

문장을 섞고 빚은 연리지 몸이 되어
피아노 건반인 양 나란히 걷는 발길
바닥에 마침표 찍어 험한 길도 달린다

무언의 암묵딛고 미완성 풀어내며
초연히 열어 가는 세상의 끝마루에
모든 꿈 그려놓은 채 세월 걸어 걷는다

서로가 하나되어 말없이 따라하며
그 마음 변치 않는 설레인 밀월여행
너와 나 부대낀 세월 의지하며 웃는다

수만 개 모서리에 꿋꿋이 참아가며
핑크빛 삶을 향해 끝없이 내달리니
두 영혼 파고든 노래 찬란하게 빛난다

혼자서 날 수 없는 비익조 인연으로
앞에서 끌고가면 뒤에서 밀어주는
우리는 공통분모로 살아가는 사랑아.

■ 강진고을신문 추천작

부지깽이 연정

신비의 동굴속을 수없이 넘나들며
벌겋게 달궈진 곳 깊숙이 파고들어
속진*을 훌훌 털어내 한몸되어 지핀다

우주를 두드리듯 윤회의 문을 열어
뜨겁게 타오르는 시뻘건 불길 속을
빛찾는 불나방처럼 날아 들어 찾는다

타오른 소리마저 은은히 환치되어
맨몸의 화신인 양 뛰어든 자궁속을
농익은 빛살을 새겨 활활 피어 올린다

웃음띤 그대 입술 말없이 내어준 채
사유의 녹을 벗겨 포근히 안아 주며
깊은 정 오롯이 담아 마음밭에 새긴다

속 깊은 헌신 예술 열열이 연출하며
끝없이 빠져버린 애증의 강을 건너
생명의 장조에 맞춰 살아가는 내 사랑.

*속진(俗塵) : '속세의 티끌'이란 말로 세상의 여러가지 번잡한 일을 뜻함.

■ 강진고을신문 추천작

회산 백련지*

여름을 전시하는 순백의 꽃송이들
널따란 연방죽에 풍경화 그려 놓고
농익은 색들의 향연 알록달록 펼친다

더러운 흙탕물에 행여나 물들일까
떳떳이 걸어 나와 깨어난 생명의 몸
절여진 청순한 자태 하늘하늘 춤춘다

꼿꼿이 깃을 세워 하늘빛 끌어안아
수줍은 표정 속에 속마음 감춰둔 채
화향을 버무린 미소 바람 끝에 감긴다

초록빛 몸을 풀어 피어난 삶의 무늬
가슴 속 파고드는 화사한 몸짓 날려
옹골찬 맑고 고운 빛 씨줄날줄 엮는다.

언제나 한결같이 청정한 품성지녀
주름진 세월 품어 알알이 들어차니
피어난 신성한 숨결 마음밭에 머문다.

*회산 백련지 : 무안군 회산 마을에 있는 둘레 3㎞, 면적 33만㎡, 동양 최대 연못.

■ 강진고을신문 추천작

무안황토 갯벌랜드

높낮이 경계마저 허물은 자리마다
그 생명 다시 살아 기워낸 낱낱의 꿈
쉼없이 살아 숨쉬며 억겁 세월 지킨다

해와 달 잔뼈들로 층층이 단을 쌓아
거꾸로 회귀하는 흙내음 물씬 풍겨
앙가슴 풀어 제치며 어서오라 반긴다

자연의 섭리 앞에 새겨진 보물창고
청자빛 하늘아래 바다의 주인되어
보드란 땅의 혀끝에 바닷바람 감긴다

세월을 틀어 올린 원시의 자연 생태
물 속에 숨긴 자리 밀썰물 꺼내주면
해조음 부서진 곳에 노래되어 흐른다

바다의 맑은 물로 깨끗이 몸을 풀어
숨쉬는 생의 흔적 오롯이 담아내며
아직도 못다한 말이 맥박처럼 휘돈다.

*무안황토 갯벌랜드 : 2008년 "람사르 습지"로 지정된 원시의 청정 유지 공원.

아소산 대관봉*

영산(靈山)의 벅찬 연가 앙가슴 풀어헤쳐
세상에 하나뿐인 천하의 그림 그려
하늘길 다섯 봉우리 와불인 양 누운다

억겁의 시간 속에 영혼을 불어 넣어
그 생명 다시 살아 기워낸 낱낱의 꿈
타오른 잉걸불처럼 열망의 꽃 피운다

켜켜이 쌓인 세월 불기둥 솟아 올려
통한의 절규 덮인 커다란 구름덩이
지난 날 궤적을 품어 유황 냄새 풍긴다

곳간에 쟁여두고 꺼내 볼 신비의 빛
안개가 숨긴 숨결 바람이 꺼내 주니
하늘 땅 물들어 가며 찬란하게 빛낸다

옹골찬 가쁜 숨결 한없이 뱉어낸 채
휘갈긴 문장으로 끝없는 쏟아내며
인간의 끝없는 욕망 가소롭다 웃는다.

*일본 아소산 대관봉 : 세계에서 가장 큰 활화산이며, 해발 935.9m로 다섯 봉우리 중 한 개에서 솟는 연기 조망.

■ 강진고을신문 추천작

꿈의 현수교*

전설의 경계 밟은 주춧돌 세워 놓고
산 계곡 마주 보며 묵묵히 걸터 앉아
세계적 역사를 쓰며 신화처럼 전한다

줄타는 광대처럼 낭창한 줄을 타고
허공을 가로질러 하늘 끝 매달리며
흥겨운 휘몰이장단 정겨웁게 춤춘다

폭포수 등을 치고 지나는 다리 위에
산바람 현을 켜고 노래를 불러주며
하늘빛 부서진 자리 추억 담아 새긴다

땅과 땅 이어주는 무지개 피어 올려
필서로 쓰지 못해 숲속에 묻어둔 채
널따란 산자락 끝에 걸어 놓은 걸작품.

*꿈의 현수교 : 일본 최대 규모, 높이 173m의 오이타현 고공 현수교, 개장 1년 만에 관광객 250만 명, 연간 수익 250억을 올린 다리.

■ 강진고을신문 추천작

강진만 갈대

계절을 틀어 올려 피어난 삶의 무늬
갈바람 휘감은 채 보드란 솜꽃 달고
널따란 강변에 앉아 하늘하늘 춤춘다

푸르른 기상으로 피어난 생의 여적
꼿꼿이 깃을 세워 강바람 끌어 안아
풀뿌리 질긴 삶 엮어 고고하게 피운다

힘차게 뽑아 올린 기다란 목줄기에
철새도 취해 가는 해거름 은빛 선율
아직도 못 다한 사연 바람 물고 서있다

널따란 강변 정원 빼곡히 채워 두고
은밀한 정담으로 아픔을 지워내며
시원한 바람 끝 세월 하얀 미소 날린다

노을빛 붉은 울음 사랑의 화신 되어
널따란 화선지에 암묵의 언어 뱉어
화필로 그리지 못해 여백 속에 묻는다.

■ 강진고을신문 추천작

강진만

드높은 쪽빛 하늘 물빛을 살찌우고
바람이 실어오는 등푸른 물살 그려
천 개의 문답 일으켜 아름다이 펼친다

강줄기 들쑤시며 유유히 흘러내려
물결의 노랫가락 저절로 흥을 돋아
주름진 윤슬 가르며 물오리 떼 노닌다

바람이 휘어잡은 물비늘 단장하면
강물은 진주처럼 이야기 풀어놓고
큰고니 수다를 떨며 이야기꽃 나눈다

질펀한 갯벌 위에 짱뚱어 뛰어 날고
현을 켠 갈대밭에 갯고둥 나뒹굴며
칠게도 집게발 열어 갈지자로 걷는다

다가 선 산들바람 풀내음 포개 얹어
높낮이 경계마저 허물은 물길따라
하늘 땅 넓은 강변에 수묵화를 그린다.

■ 강진고을신문 추천작

가을 찬가

하늘 빛 차곡차곡 알곡에 주사하면
속살을 가득 채워 단단히 동여매고
봄 찾는 생의 환희로 누런 들녘 펼친다

한여름 허물 벗은 젖무덤 끌어 안아
상흔을 치유하듯 풀내음 포개 얹어
시원한 바람 데려와 어루만져 달랜다

튼실한 가지 위에 만삭의 달달한 꿈
꽃잎 진 자리마다 알알이 담아 놓고
농익은 계절의 입술 붉디붉게 물든다

진종일 피워대는 꽃향기 뱉어내며
수없이 교차되는 밀당을 주고 받아
빈 가슴 허공에 달아 침묵으로 서 있다

세월의 갈피마다 달달한 속삭임에
흰구름 미소 품은 시심의 단추 끼워
풍성한 계절 보듬어 넉넉하게 채운다.

■ 강진고을신문 추천작

겨울 산에 핀 꽃

차가운 구름 자락 햇볕을 가리우고
은발의 머리카락 설레임 휘날리며
주름살
그려놓은 듯
계곡따라 머문다

허공의 하늘문에 하얀빛 너울너울
순백의 밝은 미소 화알짝 두 팔 벌려
칼바람
부여잡은 채
곧추서서 피운다

엎드린 사색 날려 나무에 걸어놓고
눈 덮인 호숫 가에 그리움 동동 띄워
살포시
기지개 켜며
도란도란 거린다.

■ 강진고을신문 추천작

오동도*

만물상 펼쳐놓은 해안의 기암절벽
틈과 틈 이어놓은 갯바위 드러누워
바닷물 업혀 온 파도 입맞추며 반긴다

정상에 하얀 등대 밤바다 밝혀주며
동백꽃 활짝 피어 붉은빛 뒤덮이니
동박새 너무나 좋아 덩실덩실 춤춘다

황톳길 다듬어진 길 따라 걸어가니
파아란 물결위에 윤슬이 일렁일렁
그리운 첫사랑 추억 아슴아슴 떠돈다

섬안에 대나무를 심도록 권유하여
충무공 이순신의 깊은 뜻 새겨 놓고
무성한 대숲 이루어 대섬이라 부른다

멀리서 바라보니 오동잎 닮아있고
봉황이 열매 찾아 난듯한 오동도요
동백꽃 군락이루니 동백섬이 되었다.

*오동도:전남 여수시 수정동에 딸린 섬.

■ 강진고을신문 추천작

향일암*

돌산교 타고 넘어 구슬목 지나온 길
파아란 물감 풀어 햇살에 윤슬깔아
바다와 금오산자락 맞닿을 듯 이쁘다

남도의 끝자락에 불심을 불어넣어
기도의 도량으로 아픈 맘 다독이며
암벽에 걸터앉으니 걸작품이 되었다

기암벽 사이 사이 절경을 펼쳐놓듯
울창한 동백꽃이 남해에 타오르며
일출과 어우러져서 절경 빛어 빛난다

대웅전 뒷쪽 마당 널따란 암반위에
보살상 앉아 있는 관음전 세워 놓고
옆에는 석보살상과 동자상이 서 있다

사찰의 뒷뜰에는 기묘한 흔들바위
법화경 휘어감은 경전을 펼쳐 놓고
바위를 한번 흔들면 경전필사 얻는다.

*향일암:여수시 돌산읍 금오산에 있는 절.

■ 강진고을신문 추천작

고하도*

유달산 밑에 있는 멋스런 땅이라며
높은 산 아래 있는 섬이라 이름 짓고
아주 먼 삼국시대 때 살아왔던 곳이다

예전엔 보화도요 비하도 칼섬으로
그 형상 솟아올라 낮아짐 반복하니
용머리 굵게 변해져 뱀의 형상 닮았다

그 모습 반달처럼 해안을 감싸 안아
칠십칠 킬로미터 봉우리 솟아 올라
십일여 킬로미터의 해안선을 펼친다

남쪽의 장구도와 허사도 통합하여
북항과 용섬으로 손잡고 이어져서
하나로 품어 안으니 육지 되어 머문다

이순신 격전지로 백여 일 머무르며
군량미 확보하여 전열을 가다듬어
왜군과 전투대비한 전략적인 요새다.

*고하도:전남 목포시 유달동에 있는 섬.

■ 강진고을신문 추천작

금오도*

섬 모양 바라보면 큰 자라 닮았으니
황금색 자라라며 상징표 달아 주고
그 이름 천세 누리니 육지보다 좋아라

길 따라 기암괴석 흩어져 쌓여 있고
그 모습 천태만상 다양해 넘쳐나니
신선이 춤을 추듯이 아름답게 서있다

동쪽엔 옥녀봉이 남쪽엔 망산자락
북쪽엔 최고봉인 매봉산 아우르고
정상의 봉화대 모습 첨성대를 닮았다

비렁길 아름다운 다섯 개 길을 터서
벼랑길 구간마다 비경을 펼쳐놓아
감동결 둘둘 말아서 가슴 깊이 새긴다

우거진 숲 모습이 검은 듯 보여지고
거무섬 이름 찾아 추억길 찾아오니
연인들 붙잡은 두손 사랑 자락 흐른다.

*여수시 남면에 딸린 섬으로 섬의 생김새가 큰 자라와 같이 생겼다.

■ 강진고을신문 추천작

아버지의 삶

해와 달 별을 품어 장고의 집을 짓고
일상의 언어들로 힘겨운 빗장 풀어
자식들 바라기 사랑 하늘 끝에 매단다

움켜쥔 발톱 한번 힘주어 거머쥐고
고지를 향해 오른 꿈꾸는 날갯짓에
힘겨운 가쁜 숨 몰아 행복의 길 찾는다

세월 속 돋은 멍울 다독여 몸 푼 자리
관절의 울음 소리 한없이 삐걱대고
그 흔적 역주행하며 활자처럼 박힌다

아련한 소실점에 외롭게 홀로 선 채
한많은 시간 속에 두꺼운 허물 벗어
사라진 영혼의 흔적 허공 속을 맴돈다

황량한 언덕바지 혹독한 폭풍우에
아슬한 세상만사 당당히 맞서 싸워
아빠의 새우등 위로 피어나는 소금꽃.

■ 강진고을신문 추천작

연정

그대가 지피고 간 지독한 열병 사랑
세월의 숨소리로 시공을 넘나들며
설렘의 유리벽 속에 갇혀 버린 이 한몸

신열을 베어 물은 애증의 그리움을
바람의 담금질로 하늘 땅 한달음에
그 숨은 진리를 찾아 종착역을 향한다

굳은살 뚫고 나온 타오른 마음 밭에
농익은 감성의 빛 켜켜이 일렁이니
언제나 그 자리에서 헤어나지 못한다

허공에 흘림체로 써 내린 사연 담아
끝없는 방황에서 꿈꾸는 시간 여행
바람의 따순 전설로 무르익어 날린다

널따란 허공 열어 맑은 물 출렁이면
깨끗한 물빛 따라 희망을 꺼내들고
절절한 마음의 여백 넓혀주는 내 님아.

■ 강진고을신문 추천작

팽이 연정

옹골찬 삶의 애환 세월을 집어 들어
초침과 분침 사이 보폭을 늘려가며
꼿꼿이 중심 세우고 탱탱하게 서 있다

전생의 업보인 양 설레임 부비부비
농익은 사랑 연가 수평의 날개 펼쳐
생명의 중심을 잡아 억겁의 성 쌓는다

믿음을 입에 물고 켜켜이 쌓아 올려
무게로 수평 이룬 허공도 길이 되어
합장한 바닥 힘으로 일어서서 달린다

뜨겁게 달궈진 몸 영혼의 술래되어
땅바닥 이마에서 허공의 발뒤꿈치
마음껏 흔들어 대며 쉬임 없이 노닌다

가슴에 강을 품어 돛단배 띄워 놓고
끝없이 뒤척이는 파도를 타고 넘어
방향을 잃지 않은 채 돌고돌아 건넌다.

■ 제6회 완전공감 단시조문학상 금상 수상작

나의 어머니 · 2

긴 세월
쉬지 않고
걸어온 발자국들

한시도
멈춤 없이
깊숙이 뿌리내려

단내 난
하루하루가
굳은살로 박힌다.

바람에 실려 온 노래

2025년 5월 10일 인쇄
2025년 5월 15일 발행

지은이 김현태

펴낸이 강경호 편집장 강나루 디자인 정찬애
펴낸곳 도서출판 시와사람
등록 1994년 6월 10일 제 05-01-0155호
주소 광주시 동구 양림로119번길 21-1(학동)
전화 (062)224-5319 E-mail jcapoet@hanmail.net

ISBN 978-89-5665-768-4 03810

*책값은 뒤표지에 있습니다.
*이 책은 전라남도, (재)전라남도문화재단의 후원을 받아 발간되었습니다.
*지은이와의 협의로 인지를 붙이지 않습니다.

이 도서의 국립중앙도서관 출판예정도서목록(CIP)은
서지정보유통지원시스템 홈페이지(http : //seoji.nl.go.kr)와
국가자료종합목록 구축시스템(http : //kolis-net.nl.go.kr)에서
이용하실 수 있습니다.